Impressum
Verlag: BABADADA GmbH, Nedderfeld 112 , 22529 Hamburg
Geschäftsführer / Verlagsleitung: Harald Hof
Druck: Books on Demand GmbH, In de Tarpen 42, 22848 Norderstedt

Imprint
Publisher: BABADADA GmbH, Nedderfeld 112 , 22529 Hamburg, Germany
Managing Director / Publishing direction: Harald Hof
Print: Books on Demand GmbH, In de Tarpen 42, 22848 Norderstedt

mokykla
σχολείο

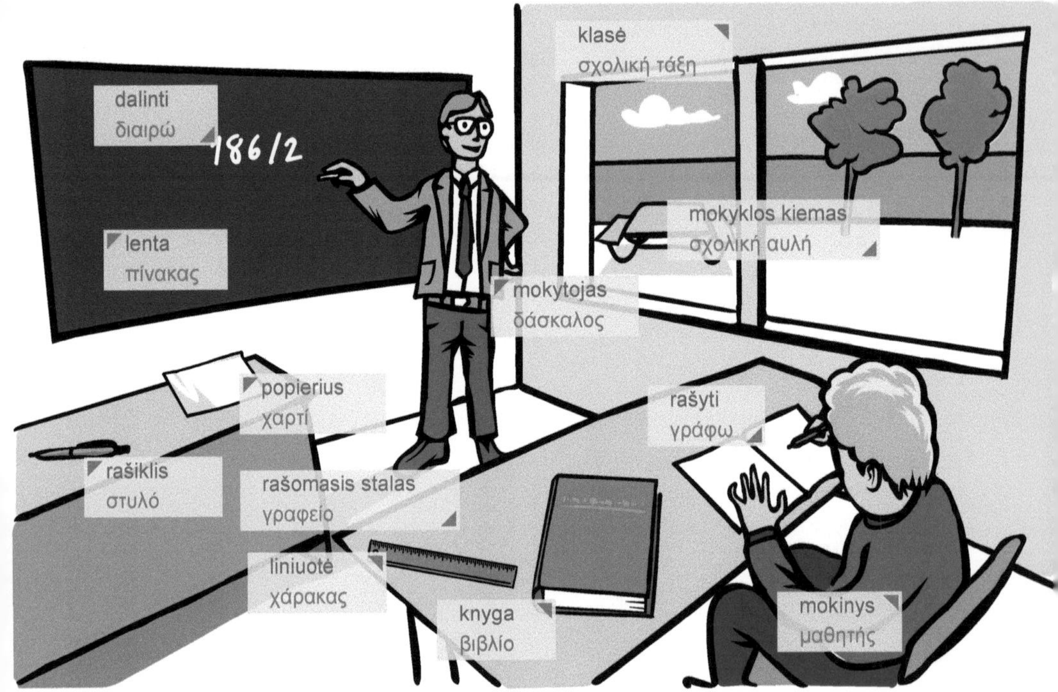

klasė
σχολική τάξη
dalinti
διαιρώ
186/2
lenta
πίνακας
mokyklos kiemas
σχολική αυλή
mokytojas
δάσκαλος
popierius
χαρτί
rašyti
γράφω
rašiklis
στυλό
rašomasis stalas
γραφείο
liniuotė
χάρακας
knyga
βιβλίο
mokinys
μαθητής

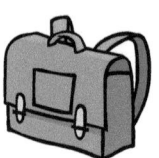

kuprinė

σχολική τσάντα

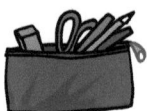

penalas

κασετίνα/ μολυβοθήκη

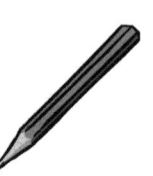

pieštukas

μολύβι

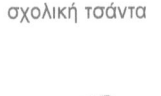

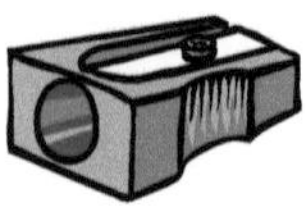

drožtukas

ξύστρα

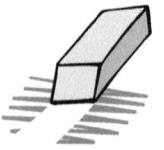

trintukas

γόμα

piešimo bloknotas

μπλοκ ζωγραφικής

piešinys

ζωγραφική

teptukas

πινέλο

dažų dėžutė

κουτί χρωμάτων

žirklės

ψαλίδι

klijai

κόλλα

vadovėlis

τετράδιο ασκήσεων

namų darbai

εργασία για το σπίτι

numeris

αριθμός

pridėti

προσθέτω

atimti

αφαιρώ

dauginti

πολλαπλασιάζω

skaičiuoti

υπολογίζω

raidė

γράμμα

abėcėlė

αλφάβητο

žodis

λέξη

tekstas

κείμενο

skaityti

διαβάζω

kreida

κιμωλία

pamoka

μάθημα

dienynas

εγγράφομαι

egzaminas

τεστ

pažymėjimas

πιστοποιητικό

mokyklinė uniforma

μαθητική στολή

išsilavinimas

εκπαίδευση

enciklopedija

εγκυκλοπαίδεια

universitetas

πανεπιστήμιο

mikroskopas

μικροσκόπιο

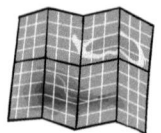

žemėlapis

χάρτης

šiukšliadėžė

καλάθι αχρήστων

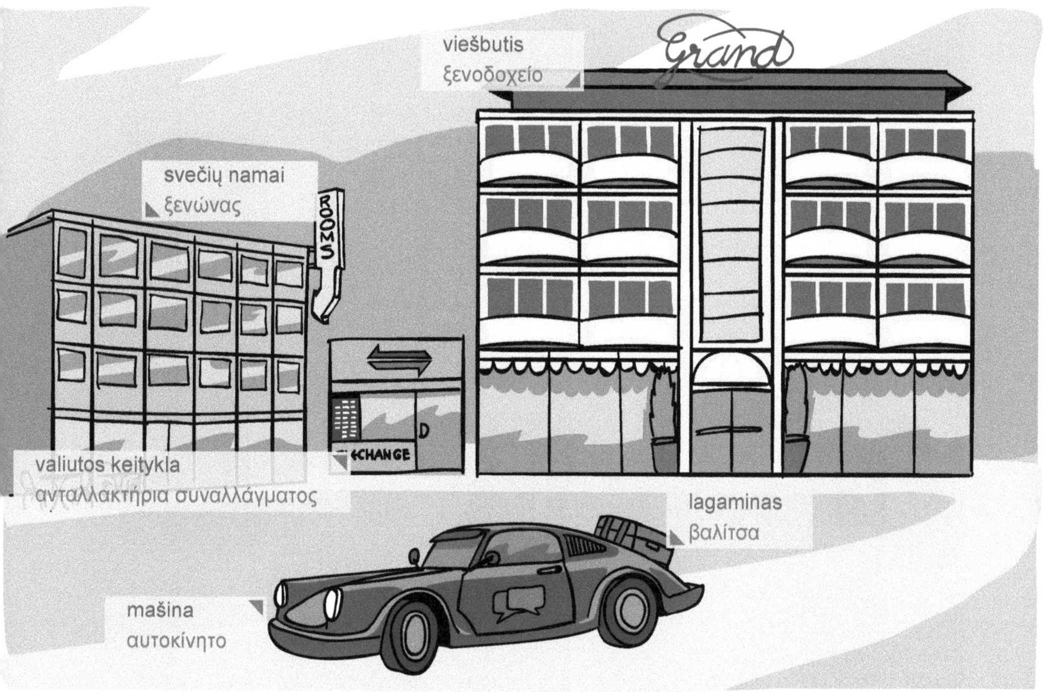

viešbutis
ξενοδοχείο
Grand
svečių namai
ξενώνας
ROOMS
valiutos keitykla
ανταλλακτήρια συναλλάγματος
€CHANGE
lagaminas
βαλίτσα
mašina
αυτοκίνητο

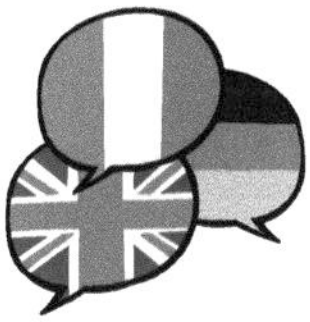

kalba
γλώσσα

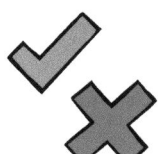

taip / ne
ναι / όχι

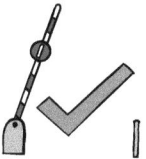

Gerai
εντάξει

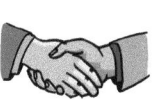

sveiki
γεια σου

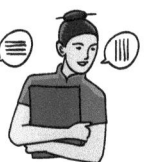

vertėjas raštu
μεταφραστής

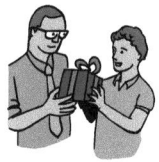

Ačiū
Ευχαριστώ

kiek kainuoja...?

πόσο κάνει ;

aš nesuprantu

Δε καταλαβαίνω

problema

πρόβλημα

Labas vakaras!

Καλησπέρα!

Labas rytas!

Καλημέρα!

Labos nakties!

Καληνύχτα!

viso gero

Αντίο

kryptis

κατεύθυνση

bagažas

αποσκευές

krepšys

τσάντα

kuprinė

σακίδιο πλάτης

svečias

καλεσμένος

kambarys

δωμάτιο

miegmaišis

υπνόσακος

palapinė

σκηνή

turizmo informacija

τουριστικές πληροφορίες

paplūdimys

παραλία

kreditinė kortelė

πιστωτική κάρτα

pusryčiai

πρωινό

pietūs

μεσημεριανό

vakarienė

δείπνο

bilietas

εισιτήριο

liftas

ανελκυστήρας

pašto ženklas

γραμματόσημο

siena

σύνορα

muitinė

τελωνείο

ambasada

πρεσβεία

viza

βίζα

pasas

διαβατήριο

transportas
μεταφορά

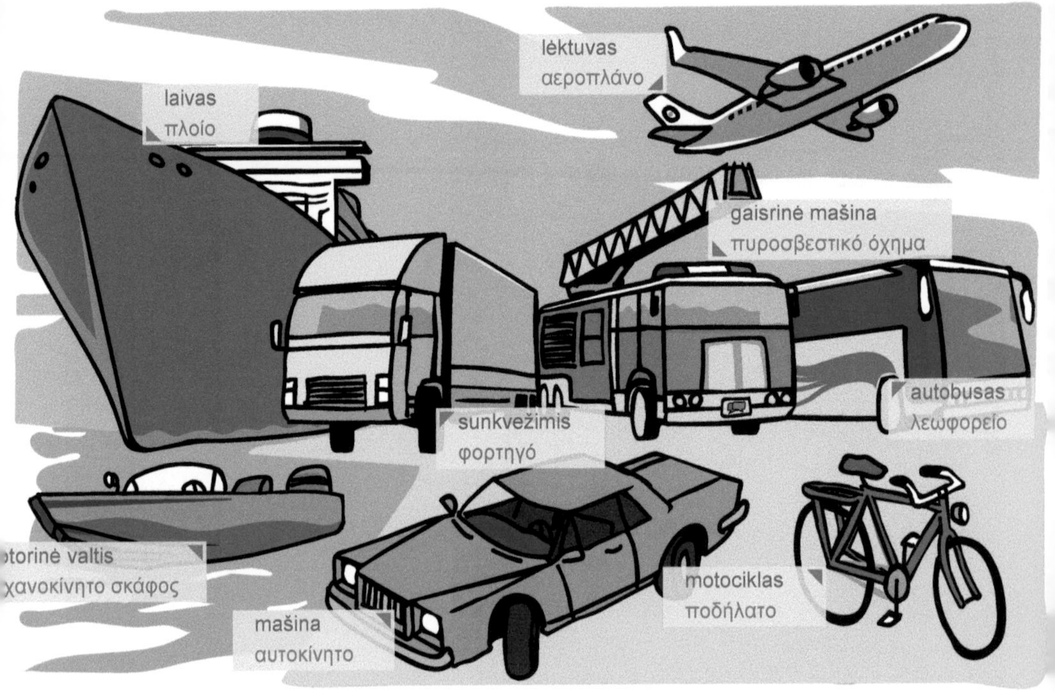

lėktuvas
αεροπλάνο
laivas
πλοίο
gaisrinė mašina
πυροσβεστικό όχημα
autobusas
λεωφορείο
sunkvežimis
φορτηγό
torinė valtis
χανοκίνητο σκάφος
motociklas
ποδήλατο
mašina
αυτοκίνητο

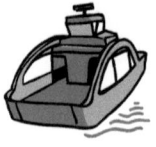

keltas
φεριμπότ

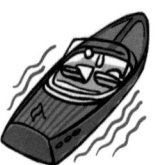

valtis
βάρκα

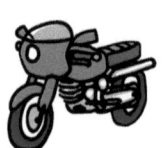

mopedas
μοτοσικλέτα

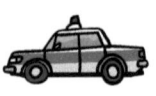

policijos automobilis
περιπολικό

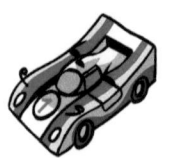

lenktyninis automobilis
αγωνιστικό αυτοκίνητο

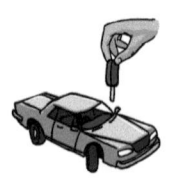

nuomojamas automobilis
ενοικιαζόμενο αυτοκίνητο

bendras automobilio
naudojimas
....
διαμοιρασμός αυτοκινήτων

techninės pagalbos
automobilis
....
γερανός

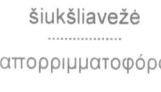

šiukšliavežė
....
απορριμματοφόρο

variklis
....
κινητήρας

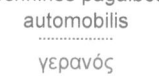

degalai
....
καύσιμο

degalinė
....
βενζινάδικο

kelio ženklas
....
πινακίδα σήμανσης

eismas
....
κυκλοφορία

eismo spūstis
....
κυκλοφοριακή συμφόρηση

mašinų stovėjimo aikštelė
....
χώρος στάθμευσης

traukinių stotis
....
σιδηροδρομικός σταθμός

bėgiai
....
σιδηροδρομικές γραμμές

traukinys
....
τρένο

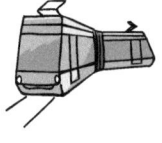

tramvajus
....
τραμ

vagonas
....
βαγόνι

sraigtasparnis

ελικόπτερο

oro uostas

αεροδρόμιο

bokštas

πύργος

keleivis

επιβάτης

konteineris

εμπορευματοκιβώτιο

dėžė

χαρτοκιβώτιο

vežimėlis

καρότσι

krepšys

καλάθι

pakilti / nusileisti

απογειώνομαι /
προσγειόνομαι

miestas

πόλη

kaimas

χωριό

miesto centras

κέντρο της πόλης

namas

σπίτι

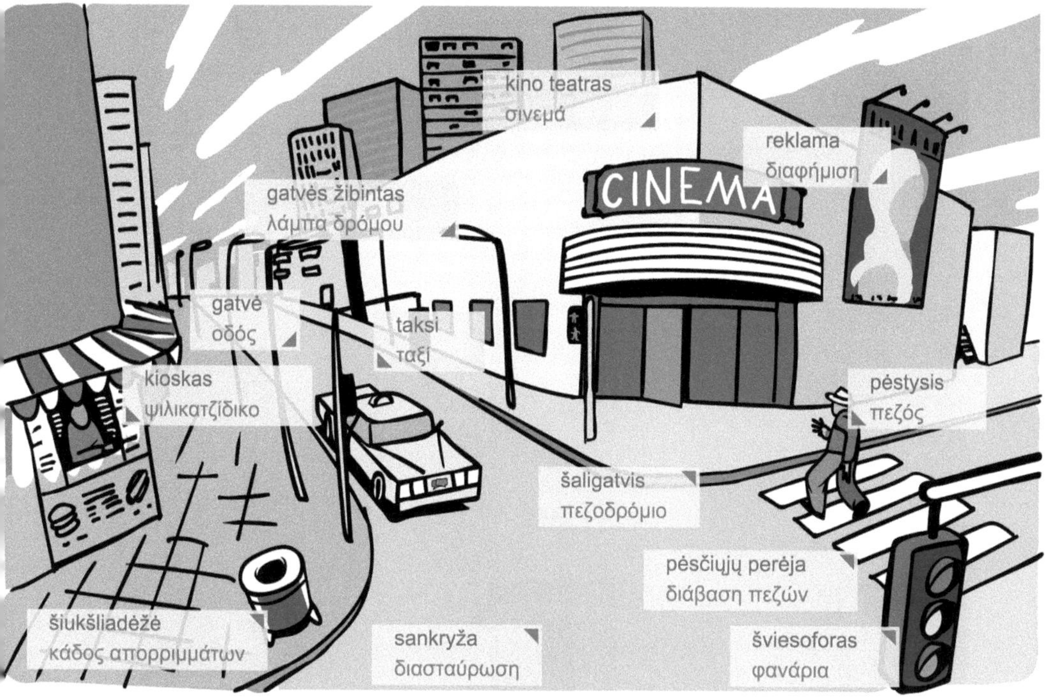

kino teatras / σινεμά

reklama / διαφήμιση

gatvės žibintas / λάμπα δρόμου

CINEMA

gatvė / οδός

taksi / ταξί

kioskas / ψιλικατζίδικο

pėstysis / πεζός

šaligatvis / πεζοδρόμιο

pėsčiųjų perėja / διάβαση πεζών

šiukšliadėžė / κάδος απορριμμάτων

sankryža / διασταύρωση

šviesoforas / φανάρια

trobelė
....
καλύβα

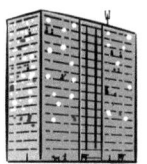

butas
....
διαμέρισμα

traukinių stotis
....
σιδηροδρομικός σταθμός

rotušė
....
δημαρχείο

muziejus
....
μουσείο

mokykla
....
σχολείο

universitetas πανεπιστήμιο	bankas τράπεζα	ligoninė νοσοκομείο

viešbutis ξενοδοχείο	vaistinė φαρμακείο	biuras γραφείο

knygynas βιβλιοπωλείο	parduotuvė κατάστημα	gėlių parduotuvė ανθοπωλείο

prekybos centras σούπερ μάρκετ	turgus αγορά	universalinė parduotuvė πολυκατάστημα

žuvies parduotuvė ιχθυοπωλείο	prekybos centras εμπορικό κέντρο	uostas λιμάνι

parkas

πάρκο

suoliukas

παγκάκι

tiltas

γέφυρα

laiptai

σκάλες

metro

μετρό

tunelis

τούνελ

autobusų stotelė

στάση λεωφορείου

baras

μπαρ

restoranas

εστιατόριο

lauko pašto dėžutė

γραμματοκιβώτιο

kelio ženklas

πινακίδα δρόμου

parkomatas

παρκόμετρο

zoologijos sodas

ζωολογικός κήπος

baseinas

πισίνα

mečetė

τζαμί

ūkininko ūkis

αγρόκτημα

tarša

ρύπανση

kapinės

νεκροταφείο

bažnyčia

εκκλησία

žaidimų aikštelė

παιδική χαρά

šventykla

ναός

kraštovaizdis
τοπίο

lapas
φύλλο

kelio rodyklė
πινακίδα κατεύθυνσης

kelias
δρόμος

pieva
λιβάδι

akmuo
πέτρα

medis
δέντρο

ėjikas
πεζοπόρος

upė
ποτάμι

žolė
χορτάρι

gėlė
λουλούδι

slėnis

κοιλάδα

kalva

λόφος

ežeras

λίμνη

miškas

δάσος

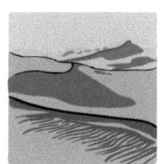

dykuma

έρημος

ugnikalnis

ηφαίστειο

pilis

κάστρο

vaivorykštė

ουράνιο τόξο

grybas

μανιτάρι

palmė

φοίνικας

uodas

κουνούπι

musė

μύγα

skruzdėlė

μυρμήγκι

bitė

μέλισσα

voras

αράχνη

vabalas

σκαθάρι

varlė

βάτραχος

voverė

σκίουρος

ežys

σκαντζόχοιρος

kiškis

λαγός

pelėda

κουκουβάγια

paukštis

πουλί

gulbė

κύκνος

šernas

αγριογούρουνο

elnias

ελάφι

briedis

άλκη

užtvanka

φράγμα

vėjo jėgainė

ανεμογεννήτρια

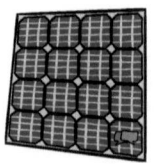

saulės baterija

ηλιακός συλλέκτης

klimatas

κλίμα

restoranas
εστιατόριο

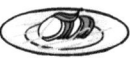

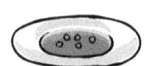

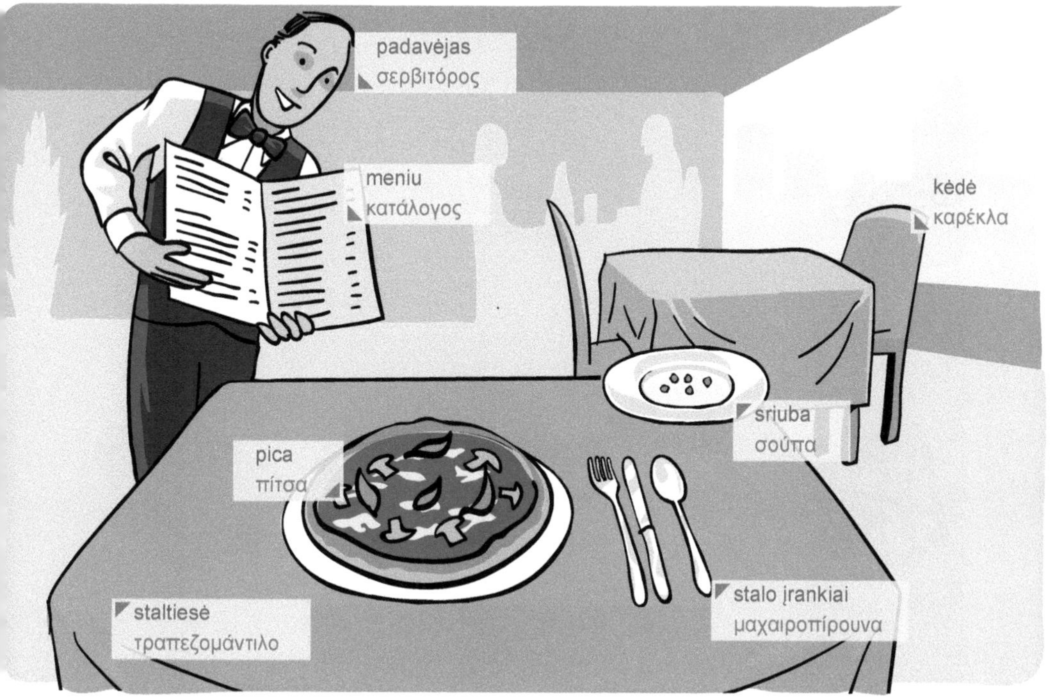
padavėjas
σερβιτόρος
meniu
κατάλογος
kėdė
καρέκλα
sriuba
σούπα
pica
πίτσα
staltiesė
τραπεζομάντιλο
stalo įrankiai
μαχαιροπίρουνα

užkandis
....
ορεκτικό

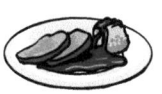

pagrindinis patiekalas
....
κύριο πιάτο

desertas
....
επιδόρπιο

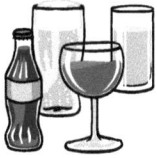

gėrimai
....
ποτά

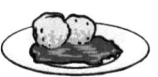

maistas
....
φαγητό

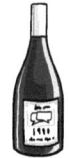

butelis
....
μπουκάλι

greitai pateikiamas maistas

φαστ φουντ

gatvės maistas

φαγητό στ' όρθιο

arbatinukas

τσαγιέρα

cukrinė

δοχείο ζάχαρης

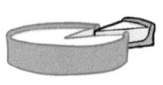

porcija

μερίδα

espreso aparatas

μηχανή εσπρέσο

aukšta kėdė

ψηλή καρέκλα

sąskaita

λογαριασμός

padėklas

δίσκος

peilis

μαχαίρι

šakutė

πιρούνι

šaukštas

κουτάλι

arbatinis šaukštelis

κουταλάκι του τσαγιού

servetėlė

πετσέτα φαγητού

stiklinė

ποτήρι

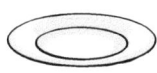

lėkštė
πιάτο

sriubos lėkštė
πιάτο σούπας

padėklas
πιατάκι φλιτζανιού

padažas
σάλτσα

druskinė
αλατιέρα

pipirų malūnėlis
μύλος για πιπέρι

actas
ξύδι

aliejus
λάδι

prieskoniai
μπαχαρικά

kečupas
κέτσαπ

garstyčios
μουστάρδα

majonezas
μαγιονέζα

prekybos centras
σούπερ μάρκετ

specialus pasiūlymas
προσφορά
FOR
pirkėjas
πελάτης
pieno produktai
γαλακτοκομικά προϊόντα
vaisiai
φρούτα
troleibusas
καρότσι για ψώνια

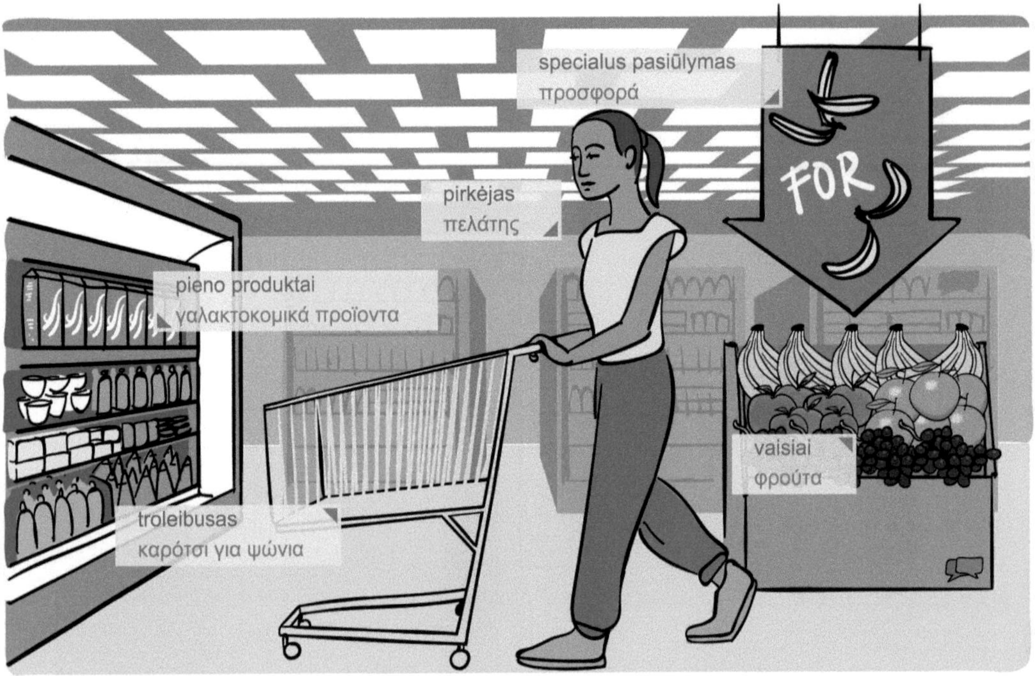

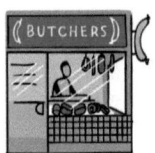

BUTCHERS
mėsos parduotuvė
κρεοπωλείο

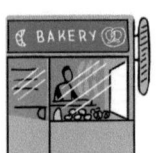

BAKERY
kepykla
φούρνος

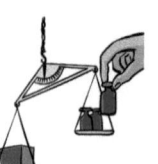

sverti
ζυγίζω

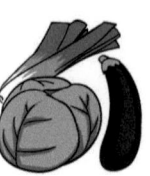

daržovės
λαχανικά

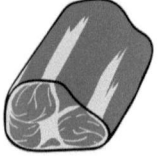

mėsa
κρέας

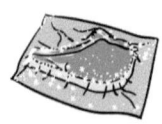

šaldytas maistas
κατεψυγμένα τρόφιμα

šalti mėsos užkandžiai

αλλαντικά

konservai

κονσερβοποιημένη τροφή

skalbimo milteliai

απορρυπαντικό ρούχων

saldumynai

γλυκά

ūkinės prekės

οικιακά είδη

valymo priemonės

καθαριστικά προϊόντα

pardavėja

πωλήτρια

kasos aparatas

ταμείο

kasininkas

ταμίας

pirkinių sąrašas

λίστα για ψώνια

darbo valandos

ωράριο λειτουργίας

piniginė

πορτοφόλι

kreditinė kortelė

πιστωτική κάρτα

maišelis

τσάντα

plastikinis maišelis

πλαστική σακούλα

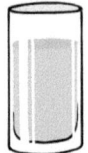

vanduo

νερό

sultys

χυμός

pienas

γάλα

kola

κόκα κόλα

vynas

κρασί

alus

μπίρα

alkoholis

αλκοόλ

kakava

κακάο

arbata

τσάι

kava

καφές

espresas

εσπρέσο

kapučinas

καπουτσίνο

bananas

μπανάνα

obuolys

μήλο

apelsinas

πορτοκάλι

arbūzas

πεπόνι

citrina

λεμόνι

morka

καρότο

česnakas

σκόρδο

bambukas

μπαμπού

svogūnas

κρεμμύδι

grybas

μανιτάρι

riešutai

ξηροί καρποί

makaronai

νουντλς

spagečiai

μακαρόνια

ryžiai

ρύζι

salotos

σαλάτα

traškučiai

πατατάκια

keptos bulvės

τηγανητές πατάτες

pica

πίτσα

mėsainis

χάμπουργκερ

sumuštinis

σάντουιτς

pjausnys

κοτολέτα

kumpis

ζαμπόν

saliamis

σαλάμι

dešrelė

λουκάνικο

vištiena

κοτόπουλο

kepsnys

ψητό

žuvis

ψάρι

avižų dribsniai

χυλός βρώμης

dribsniai su priedais

μούσλι

kukurūzų dribsniai

κορν φλέικς

miltai

αλεύρι

prancūziškasis ragelis

κρουασάν

bandelė

ψωμάκι

duona

ψωμί

skrebutis

τοστ

sausainiai

μπισκότα

sviestas

βούτυρο

varškė

τυρόπηγμα

tortas

κέικ

kiaušinis

αυγό

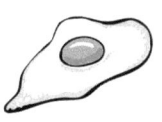

kiaušinienė

τηγανητό αυγό

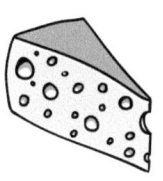

sūris

τυρί

ledai

παγωτό

cukrus

ζάχαρη

medus

μέλι

uogienė

μαρμελάδα

tepamas šokoladas

άλλειμμα σοκολάτας

karis

κάρυ

ūkininko ūkis
αγρόκτημα

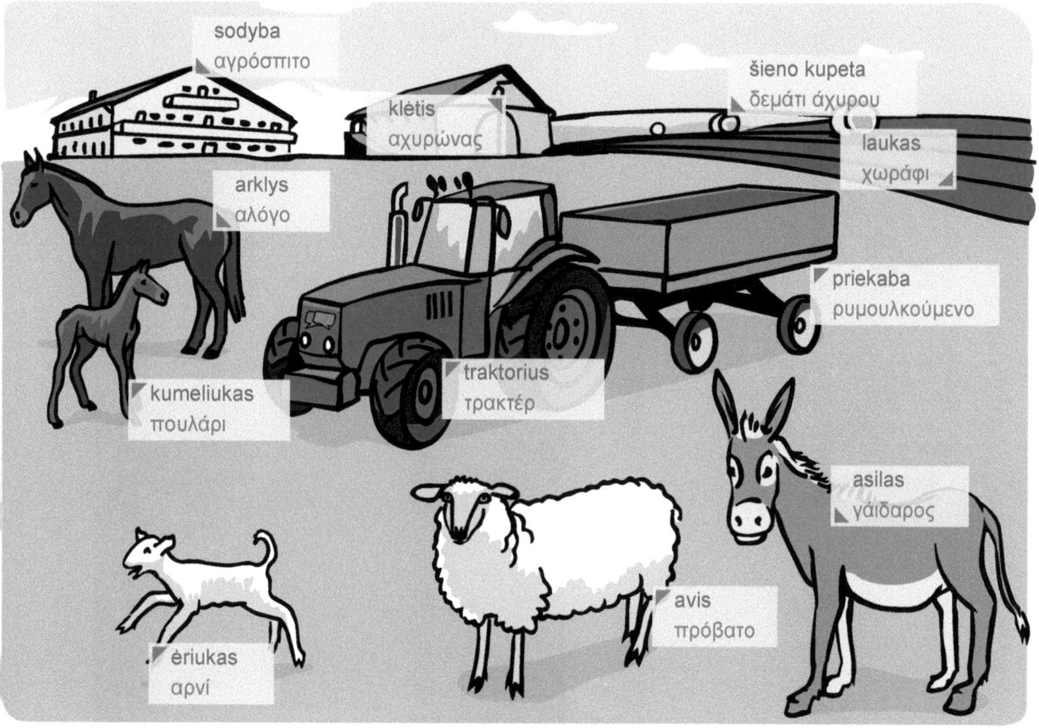

sodyba
αγρόσπιτο
klėtis
αχυρώνας
šieno kupeta
δεμάτι άχυρου
laukas
χωράφι
arklys
αλόγο
priekaba
ρυμουλκούμενο
kumeliukas
πουλάρι
traktorius
τρακτέρ
asilas
γάιδαρος
avis
πρόβατο
ėriukas
αρνί

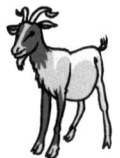

ožys
....
κατσίκα

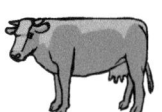

karvė
....
αγελάδα

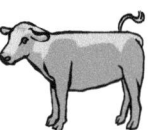

veršis
....
μοσχαράκι

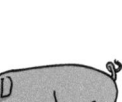

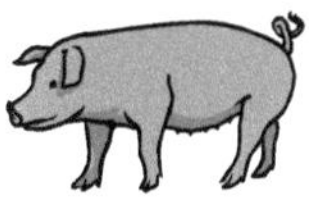

kiaulė
....
γουρούνι

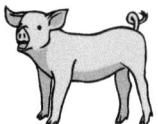

paršelis
....
γουρουνάκι

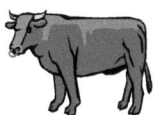

bulius
....
ταύρος

žąsis

χήνα

antis

πάπια

viščiukas

κοτοπουλάκι

višta

κότα

gaidys

κόκορας

žiurkė

αρουραίος

katė

γάτα

pelė

ποντίκι

jautis

βόδι

šuo

σκύλος

šuns būda

σπιτάκι σκύλου

sodo namas

λάστιχο κήπου

laistytuvas

ποτιστήρι

dalgis

θεριστήρι

plūgas

αλέτρι

ūkininko ūkis - αγρόκτημα

pjautuvas

δρεπάνι

kauptukas

τσάπα

šakės

δίκρανο

kirvis

τσεκούρι

statinė

χειράμαξα

lovys

ταΐστρα

bidonas

δοχείο γάλακτος

maišas

σάκος

tvora

φράχτης

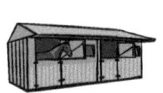

arklidė

στάβλος

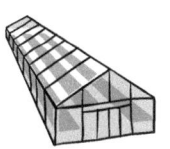

šiltnamis

θερμοκήπιο

dirva

έδαφος

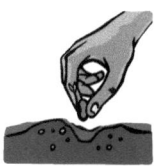

sėkla

σπόρος

trąšos

λίπασμα

kombainas

θεριζοαλωνιστική μηχανή

rinkti

θερίζω

derlius

συγκομιδή

saldžiosios bulvės

γιαμς

kviečiai

σιτάρι

soja

σόγια

bulvė

πατάτα

kukurūzai

καλαμπόκι

rapsai

κράμβη

vaismedis

οπωροφόρο δέντρο

manijokas

μανιόκα

grūdai

δημητριακά

namas

σπίτι

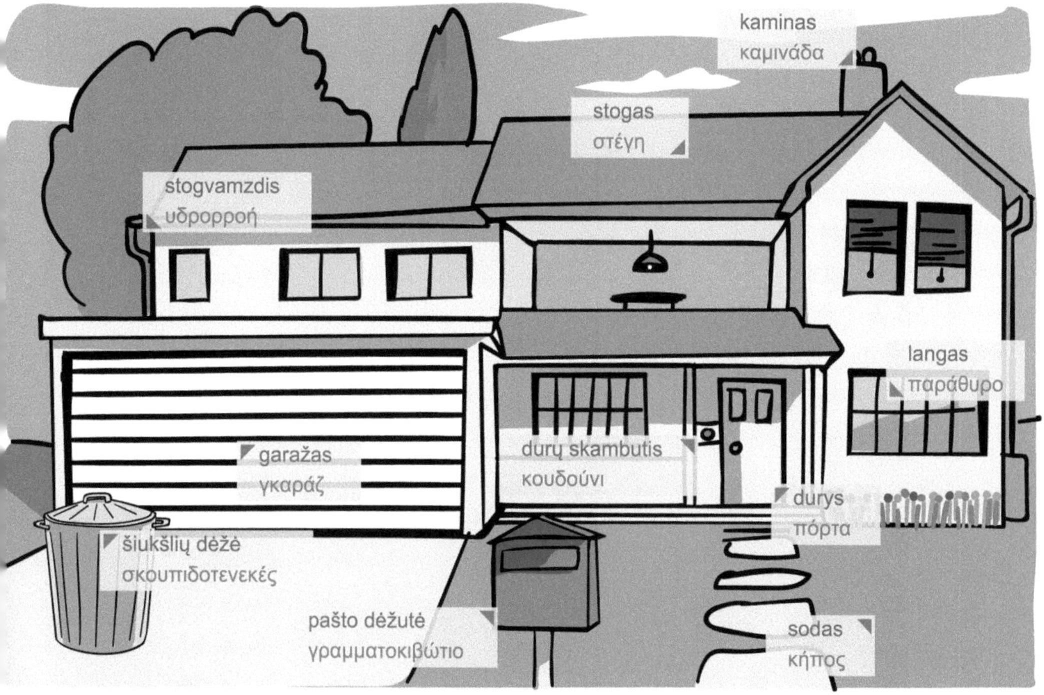
kaminas
καμινάδα
stogas
στέγη
stogvamzdis
υδρορροή
langas
παράθυρο
garažas
γκαράζ
durų skambutis
κουδούνι
durys
πόρτα
šiukšlių dėžė
σκουπιδοτενεκές
pašto dėžutė
γραμματοκιβώτιο
sodas
κήπος

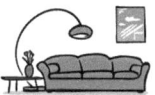

svetainė

σαλόνι

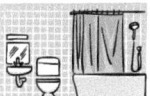

vonios kambarys

μπάνιο

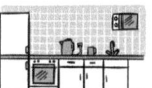

virtuvė

κουζίνα

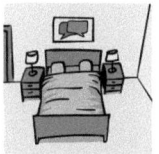

miegamasis

υπνοδωμάτιο

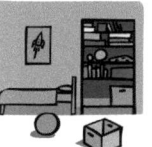

vaiko kambarys

παιδικό δωμάτιο

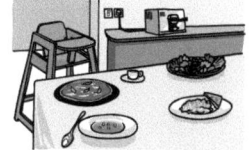

valgomasis

τραπεζαρία

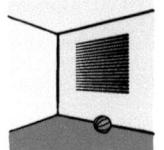

grindys

πάτωμα

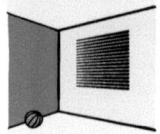

siena

τοίχος

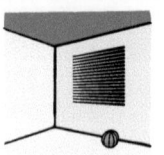

lubos

οροφή

rūsys

κελάρι

sauna

σάουνα

balkonas

μπαλκόνι

terasa

βεράντα

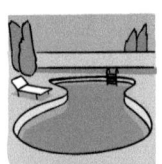

baseinas

πισίνα

žoliapjovė

μηχανή του γκαζόν

paklodė

σεντόνι

lovatiesė

κάλυμμα κρεβατιού

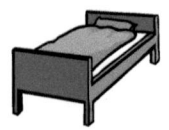

lova

κρεβάτι

šluota

σκούπα

kibiras

κουβάς

jungiklis

διακόπτης

svetainė
σαλόνι

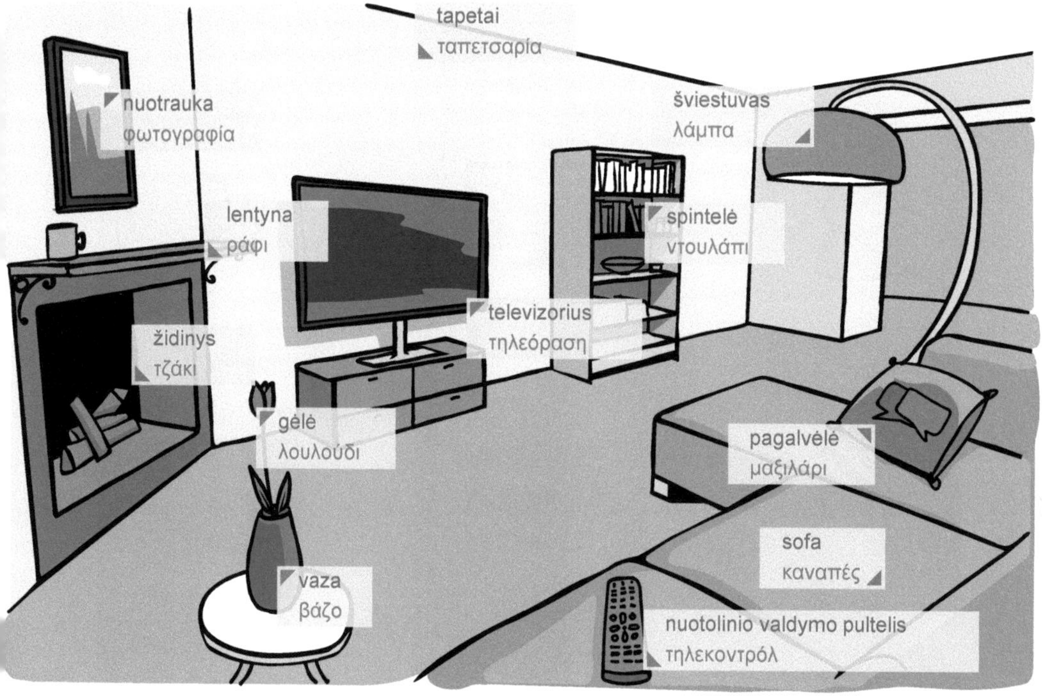

tapetai
ταπετσαρία
nuotrauka
φωτογραφία
šviestuvas
λάμπα
lentyna
ράφι
spintelė
ντουλάπι
televizorius
τηλεόραση
židinys
τζάκι
gėlė
λουλούδι
pagalvėlė
μαξιλάρι
sofa
καναπές
vaza
βάζο
nuotolinio valdymo pultelis
τηλεκοντρόλ

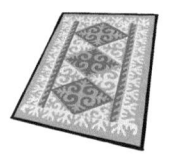

kilimas

χαλί

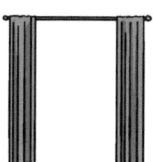

užuolaida

κουρτίνα

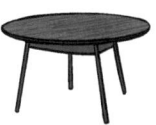

stalas

τραπέζι

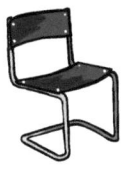

kėdė

καρέκλα

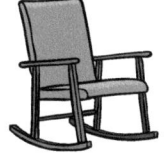

supamasis krėslas

κουνιστή πολυθρόνα

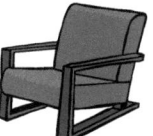

fotelis

πολυθρόνα

knyga

βιβλίο

antklodė

κουβέρτα

papuošimai

διακόσμηση

malkos

καυσόξυλα

filmas

ταινία

stereo aparatūra

στερεοφωνικό σύστημα

raktas

κλειδί

laikraštis

εφημερίδα

paveikslas

πίνακας ζωγραφικής

plakatas

αφίσα

radijas

ραδιόφωνο

užrašų knygelė

σημειωματάριο

dulkių siurblys

ηλεκτρική σκούπα

kaktusas

κάκτος

žvakė

κερί

virtuvė
κουζίνα

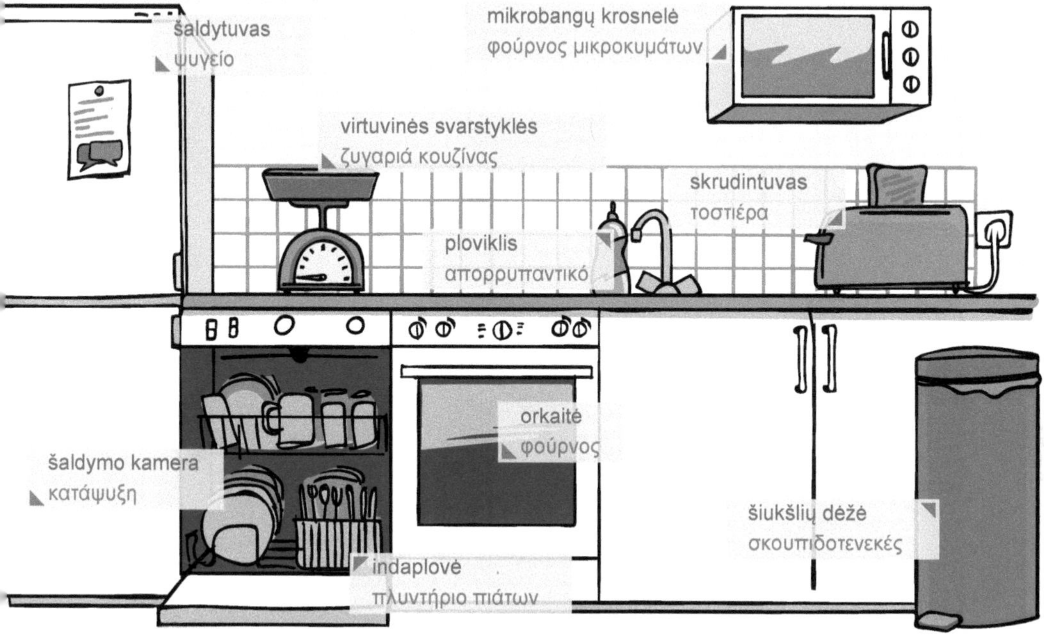
šaldytuvas
ψυγείο
mikrobangų krosnelė
φούρνος μικροκυμάτων
virtuvinės svarstyklės
ζυγαριά κουζίνας
skrudintuvas
τοστιέρα
ploviklis
απορρυπαντικό
orkaitė
φούρνος
šaldymo kamera
κατάψυξη
šiukšlių dėžė
σκουπιδοτενεκές
indaplovė
πλυντήριο πιάτων

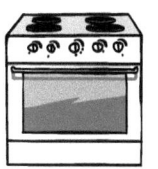

viryklė
κουζίνα

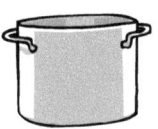

puodas
κατσαρόλα

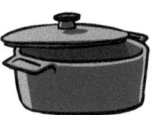

ketaus puodas
μαντεμένια κατσαρόλα

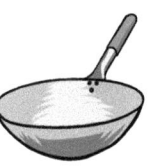

„wok“ keptuvė
γουόκ/καντάι

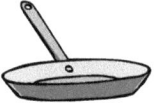

keptuvė
τηγάνι

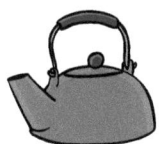

virdulys
βραστήρας

garų puodas

ατμομάγειρας

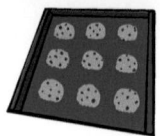

kepimo skarda

ταψί

porceliano indai

πιατικά

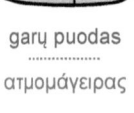

puodelis

κούπα

dubuo

μπολ

valgomosios lazdelės

ξυλάκια

samtis

κουτάλα

mentelė

σπάτουλα

plaktuvas

ανακατεύω

koštuvas

σουρωτήρι

sietas

σουρωτηράκι

trintuvė

τρίφτης

grūstuvė

γουδί

kepsninė

ψησταριά

atvira liepsna

ανοιχτή φωτιά

pjaustymo lentelė

σανίδα κοπής

kočėlas

πλάστης

kamščiatraukis

ανοιχτήρι φελλών

skardinė

κονσέρβα

skardinių atidarytuvas

ανοιχτήρι κονσέρβας

puodkėlė

γάντι φούρνου

kriauklė

νεροχύτης

šepetys

βούρτσα

kempinė

σφουγγάρι

trintuvas

μπλέντερ

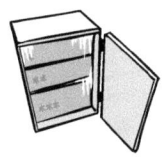

šaldiklis

καταψύκτης

kūdikių buteliukas

μπιμπερό

čiaupas

βρύση

vonios kambarys

μπάνιο

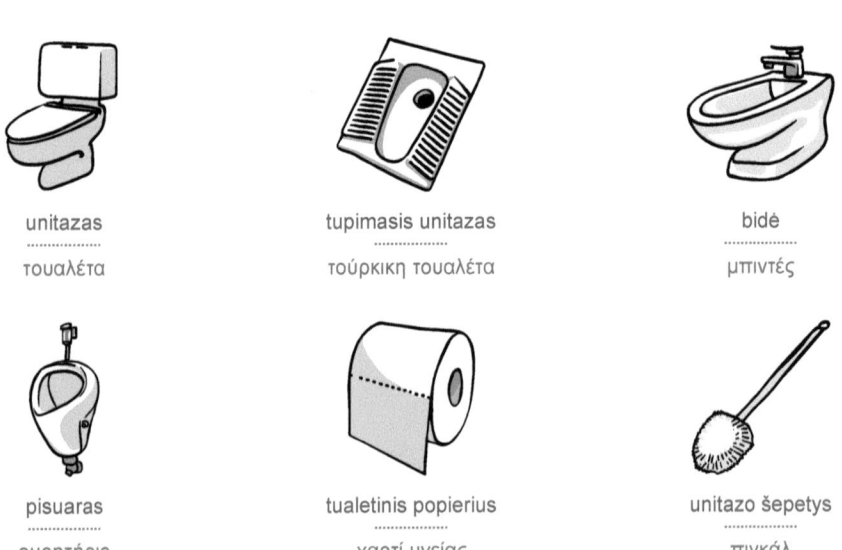

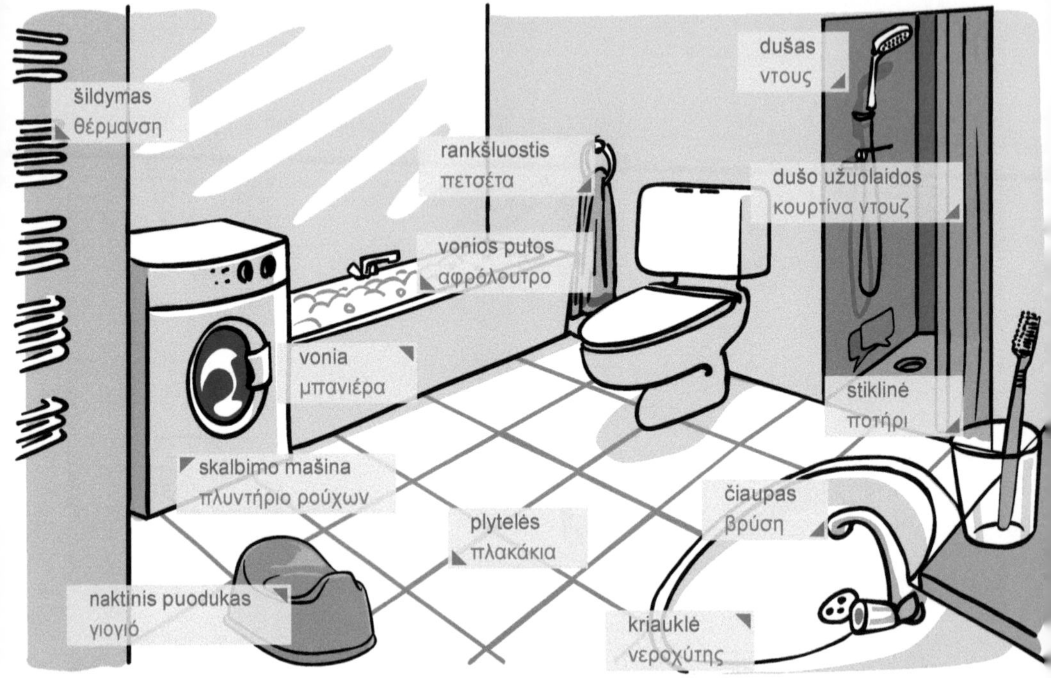
šildymas
θέρμανση
dušas
ντους
rankšluostis
πετσέτα
dušo užuolaidos
κουρτίνα ντουζ
vonios putos
αφρόλουτρο
vonia
μπανιέρα
stiklinė
ποτήρι
skalbimo mašina
πλυντήριο ρούχων
čiaupas
βρύση
plytelės
πλακάκια
naktinis puodukas
γιογιό
kriauklė
νεροχύτης

unitazas

τουαλέτα

tupimasis unitazas

τούρκικη τουαλέτα

bidė

μπιντές

pisuaras

ουρητήριο

tualetinis popierius

χαρτί υγείας

unitazo šepetys

πιγκάλ

dantų šepetėlis

οδοντόβουρτσα

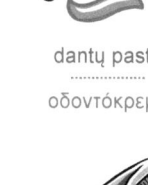

dantų pasta

οδοντόκρεμα

dantų siūlas

οδοντικό νήμα

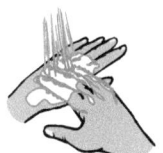

plauti

πλένω

dušo galvutė

τηλέφωνο ντους

higieninis dušas

ντουσιέρα

praustuvas

λεκάνη

nugaros plaušinė

βούρτσα πλάτης

muilas

σαπούνι

dušo želė

αφρόλουτρο

šampūnas

σαμπουάν

plaušinė

φανέλα

kanalizacija

σιφόνι

kremas

κρέμα

dezodorantas

αποσμητικό

veidrodis

καθρέφτης

veidrodėlis

καθρέφτης χειρός

skustuvas

ξυραφάκι

skutimosi putos

αφρός ξυρίσματος

losjonas po skutimosi

αφτερσέιβ

šukos

χτένα

šepetys

βούρτσα

plaukų džiovintuvas

σεσουάρ

plaukų lakas

λακ

makiažas

μακιγιάζ

lūpdažis

κραγιόν

nagų lakas

βερνίκι νυχιών

vata

βαμβάκι

žirklutės nagams

ψαλίδι νυχιών

kvepalai

άρωμα

maišelis skalbiniams

νεσεσέρ

taburetė

σκαμπό

svarstyklės

ζυγαριά

chalatas

μπουρνούζι

guminės pirštinės

ελαστικά γάντια

tamponas

ταμπόν

higieninis įklotas

πετσέτα υγιεινής

biotualetas

χημική τουαλέτα

vaiko kambarys
παιδικό δωμάτιο

žadintuvas
ξυπνητήρι
pliušinis žaislas
λούτρινο ζωάκι
žaislinė mašinėlė
αυτοκινητάκι
barškutis
κουδουνίστρα
lėlės namelis
κουκλόσπιτο
dovana
δώρο

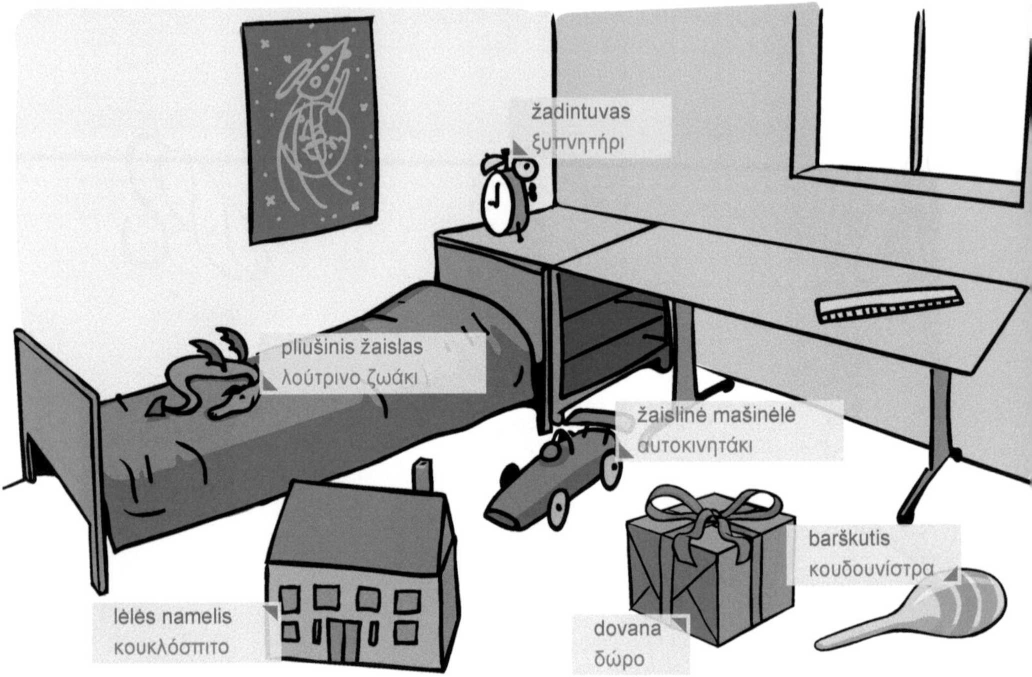

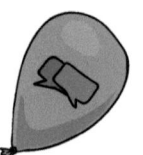

balionas

μπαλόνι

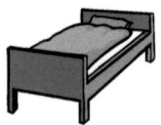

lova

κρεβάτι

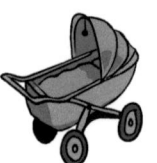

vaikiškas vežimėlis

καροτσάκι

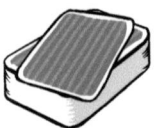

kortų malka

τράπουλα

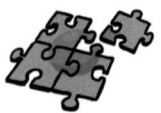

delionė

παζλ

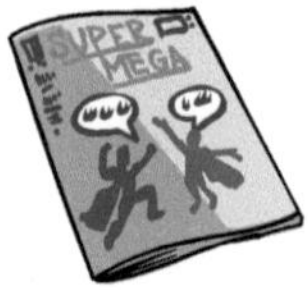

komiksai

κόμικς

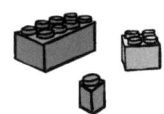

lego kaladėlės

τουβλάκια lego

žaislinės kaladėlės

τουβλάκια κατασκευών

figūrėlė

φιγούρα δράσης

šliaužtinukai

βρεφικό φορμάκι

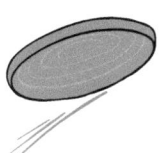

mėtymo lėkštė

φρίσμπι

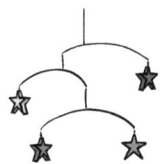

karuselė

μόμπιλο

stalo žaidimas

επιτραπέζιο παιχνίδι

kauliukai

ζάρια

žaislinis traukinys

σετ τρενάκι

žindukas

πιπίλα

vakarėlis

πάρτι

paveiksliukų knygelė

εικονογραφημένο βιβλίο

kamuolys

μπάλα

lėlė

κούκλα

žaisti

παίζω

smėlio dėžė

σκάμμα με άμμο

sūpynės

κούνια

žaislai

παιχνίδια

žaidimų konsolė

κονσόλα βιντεοπαιχνιδιών

triratukas

τρίκυκλο

meškiukas

αρκουδάκι

drabužių spinta

ντουλάπα

drabužis

ρούχα

kojinės

κάλτσες

kojinės virš kelių

καλτσοδέτες

pėdkelnės

καλσόν

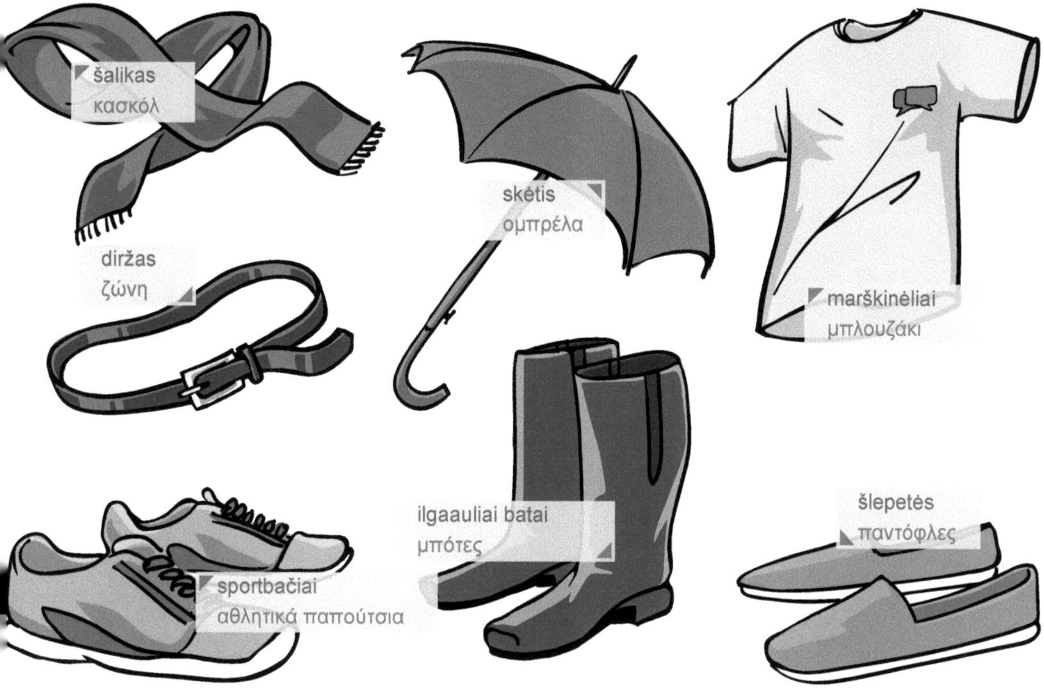

šalikas
κασκόλ

skėtis
ομπρέλα

diržas
ζώνη

marškinėliai
μπλουζάκι

ilgaauliai batai
μπότες

šlepetės
παντόφλες

sportbačiai
αθλητικά παπούτσια

sandalai

σανδάλια

batai

παπούτσια

guminiai batai

γαλότσες

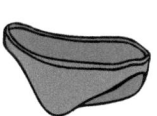

trumpikės

εσώρουχο

liemenėlė

σουτιέν

liemenė

φανέλα

glaustinukė

σώμα

kelnės

παντελόνι

džinsai

τζιν παντελόνι

sijonas

φούστα

palaidinė

μπλούζα

marškiniai

πουκάμισο

megztinis

πουλόβερ

megztinis su gobtuvu

πουλόβερ

švarkelis

σακάκι

švarkas

μπουφάν

paltas

παλτό

lietpaltis

αδιάβροχο πανωφόρι

kostiumas

κοστούμι

suknelė

φόρεμα

vestuvinė suknelė

νυφικό

kostiumas
κοστούμι

naktiniai marškiniai
νυχτικό

pižama
πιτζάμες

saris
σάρι

skarelė
μαντήλι

tiurbanas
τουρμπάνι

burka
μπούρκα

kaftanas
καφτάνι

abaja
μουσουλμανικό ένδυμα

maudymosi kostiumėlis
ολόσωμο μαγιό

glaudės
ανδρικό μαγιό

šortai
σορτς

sportinis kostiumas
αθλητική φόρμα

prijuostė
ποδιά

pirštinės
γάντια

saga

κουμπί

akiniai

γυαλιά

apyrankė

βραχιόλι

vėrinys

περιδέραιο

žiedas

δαχτυλίδι

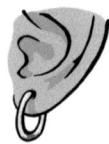

auskaras

σκουλαρίκι

kepurė

καπέλο

pakabas

κρεμάστρα

skrybėlė

καπέλο

kaklaraištis

γραβάτα

užtrauktukas

φερμουάρ

šalmas

κράνος

breketai

τιράντες

mokyklinė uniforma

μαθητική στολή

uniforma

στολή

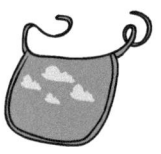

seilinukas

σαλιάρα

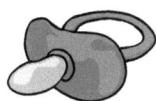

žindukas

πιπίλα

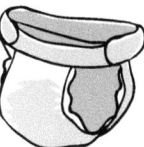

vystyklai

πάνα

biuras

γραφείο

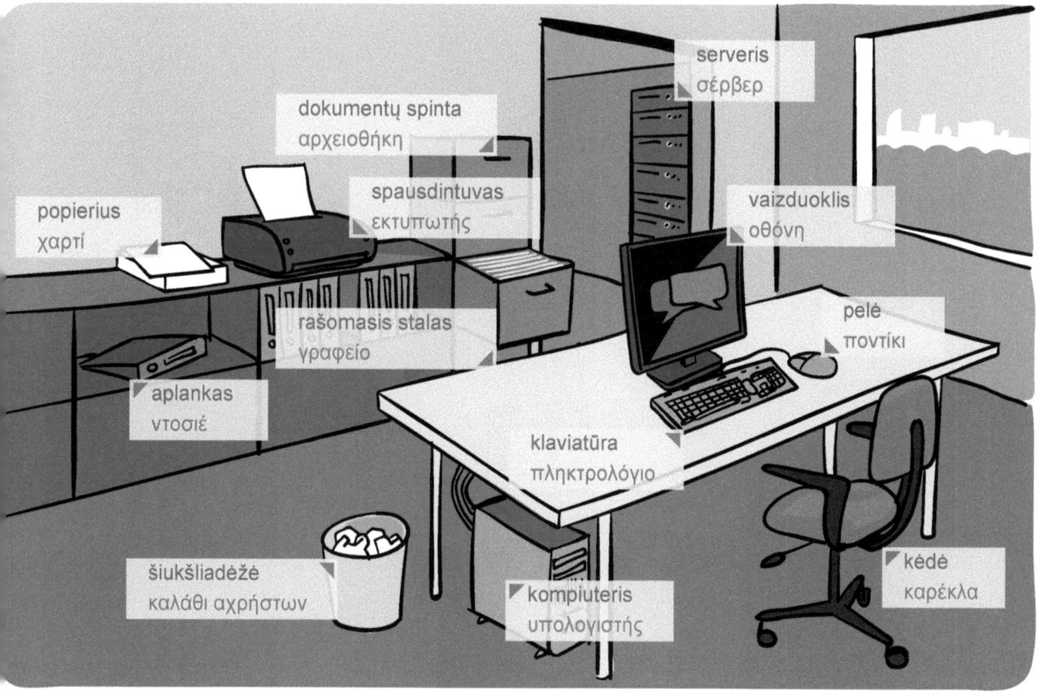

serveris
σέρβερ
dokumentų spinta
αρχειοθήκη
spausdintuvas
εκτυπωτής
popierius
χαρτί
vaizduoklis
οθόνη
rašomasis stalas
γραφείο
pelė
ποντίκι
aplankas
ντοσιέ
klaviatūra
πληκτρολόγιο
šiukšliadėžė
καλάθι αχρήστων
kėdė
καρέκλα
kompiuteris
υπολογιστής

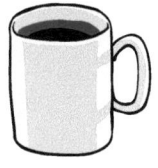

kavos puodelis

κούπα του καφέ

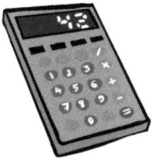

kalkuliatorius

κομπιουτεράκι

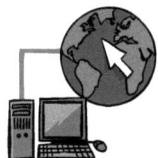

internetas

ίντερνετ

nešiojamasis kompiuteris	laiškas	žinutė
λάπτοπ	γράμμα	μήνυμα

mobilusis telefonas	tinklas	fotokopijavimo aparatas
κινητό	δίκτυο	φωτοτυπικό μηχάνημα

programinė įranga	telefonas	kištukinis lizdas
λογισμικό	τηλέφωνο	πρίζα

 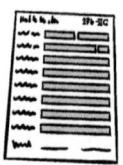 

faksas	forma	dokumentas
συσκευή φαξ	έντυπο	έγγραφο

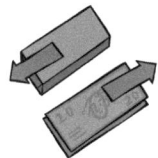

pirkti
....
αγοράζω

moketi
....
πληρώνω

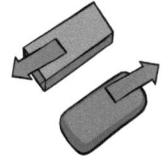

prekiauti
....
συναλλάσσομαι

pinigai
....
χρήματα

doleris
....
δολάριο

euras
....
ευρώ

jena
....
γιεν

rublis
....
ρούβλι

Šveicarijos frankas
....
ελβετικό φράγκο

juanis
....
ρενμίνμπι γιουάν

rupija
....
ρουπία

bankomatas
....
ATM (αυτόματη ταμειακή μηχανή)

valiutos keitykla

ανταλλακτήρια
συναλλάγματος

auksas

χρυσός

sidabras

ασήμι

nafta

πετρέλαιο

energija

ενέργεια

kaina

τιμή

sutartis

συμβόλαιο

mokestis

φόρος

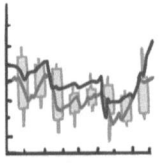

akcijos

μετοχή

dirbti

δουλεύω

darbuotojas

υπάλληλος

darbdavys

εργοδότης

gamykla

εργοστάσιο

parduotuvė

κατάστημα

profesijos
επαγγέλματα

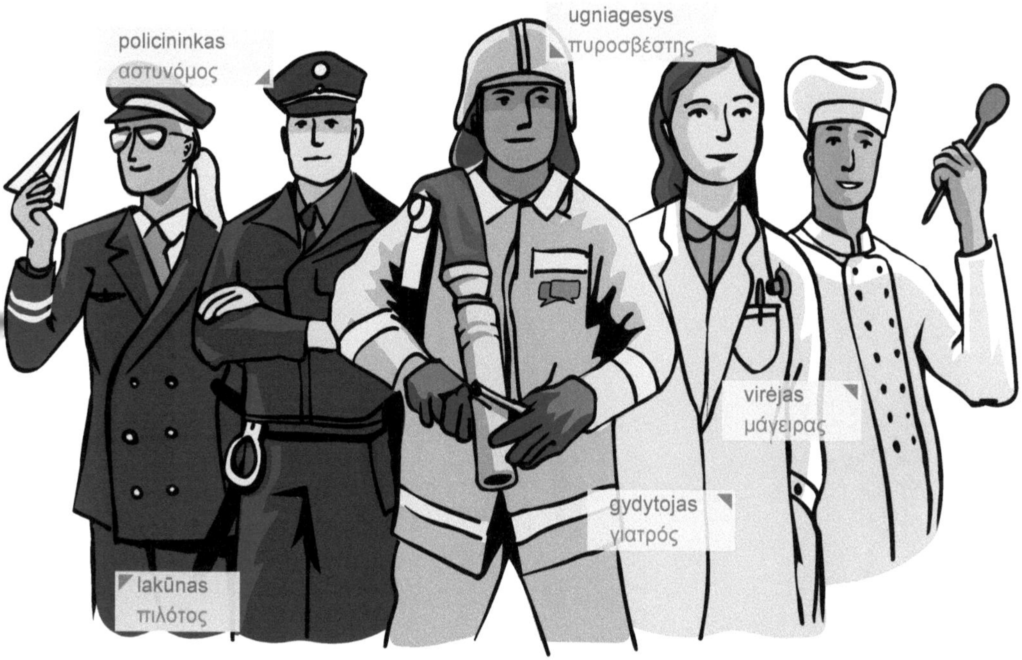
policininkas
αστυνόμος
ugniagesys
πυροσβέστης
virėjas
μάγειρας
gydytojas
γιατρός
lakūnas
πιλότος

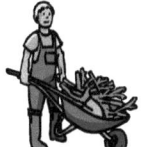

sodininkas
κηπουρός

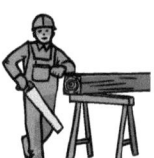

stalius
ξυλουργός

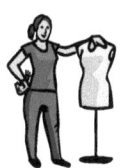

siuvėja
μοδίστρα

teisėjas
δικαστής

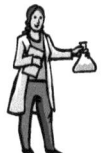

chemikas
χημικός

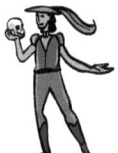

aktorius
ηθοποιός

autobuso vairuotojas

οδηγός λεωφορείου

taksi vairuotojas

ταξιτζής

žvejys

ψαράς

valytoja

καθαρίστρια

stogdengys

τεχνίτης στεγών

padavėjas

σερβιτόρος

medžiotojas

κυνηγός

dailininkas

ζωγράφος

kepėjas

αρτοποιός

elektrikas

ηλεκτρολόγος

statybininkas

οικοδόμος

inžinierius

μηχανολόγος

mėsininkas

κρεοπώλης

santechnikas

υδραυλικός

paštininkas

ταχυδρόμος

profesijos - επαγγέλματα

kareivis
στρατιώτης

architektas
αρχιτέκτονας

kasininkas
ταμίας

gėlininkas
ανθοπώλης

kirpėjas
κομμωτής

konduktorius
ελεγκτής εισιτηρίων

mechanikas
μηχανικός

kapitonas
καπετάνιος

odontologas
οδοντίατρος

mokslininkas
επιστήμονας

rabinas
ραβίνος

imamas
ιμάμης

vienuolis
μοναχός

kunigas
ιερέας

įrankiai
εργαλεία

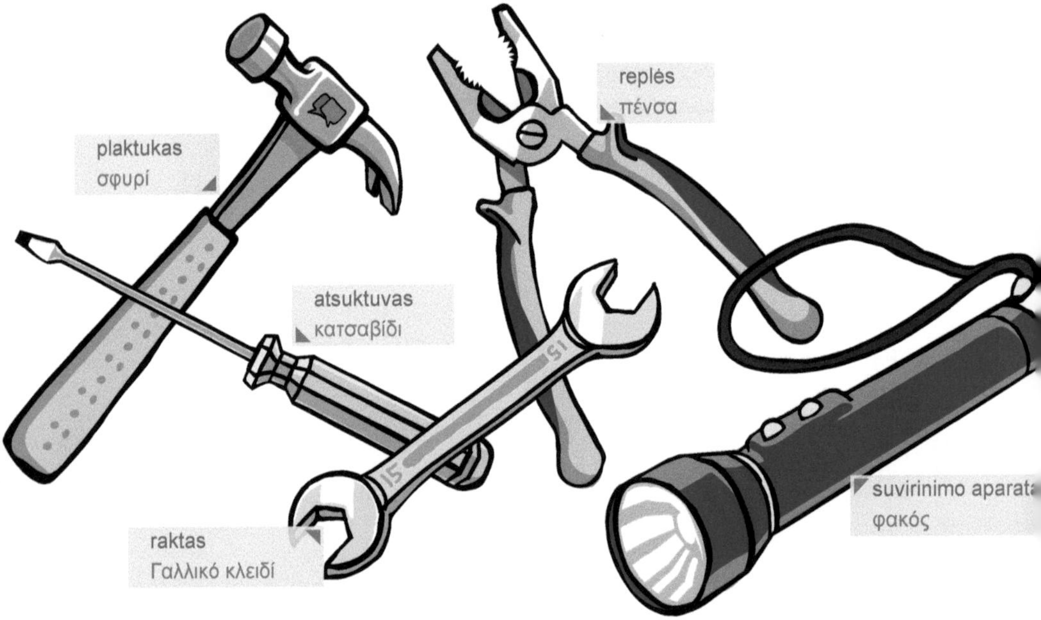

replės
πένσα
plaktukas
σφυρί
atsuktuvas
κατσαβίδι
suvirinimo aparat
φακός
raktas
Γαλλικό κλειδί

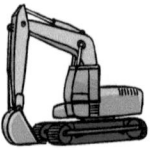

ekskavatorius
εκσκαφέας

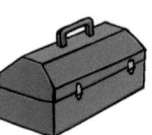

įrankių dėžė
εργαλειοθήκη

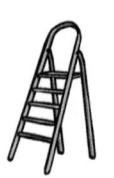

kopėčios
σκάλα

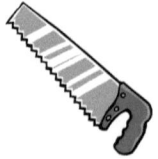

pjūklas
πριόνι

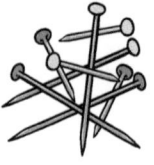

vinys
καρφιά

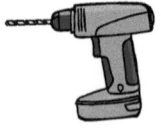

grąžtas
τρυπάνι

taisyti
επισκευάζω

kastuvas
φτυάρι

Velniava!
Να πάρει!

semtuvėlis
φαράσι

dažų skardinė
δοχείο χρωμάτων

varžtai
βίδες

muzikos instrumentai
μουσικά όργανα

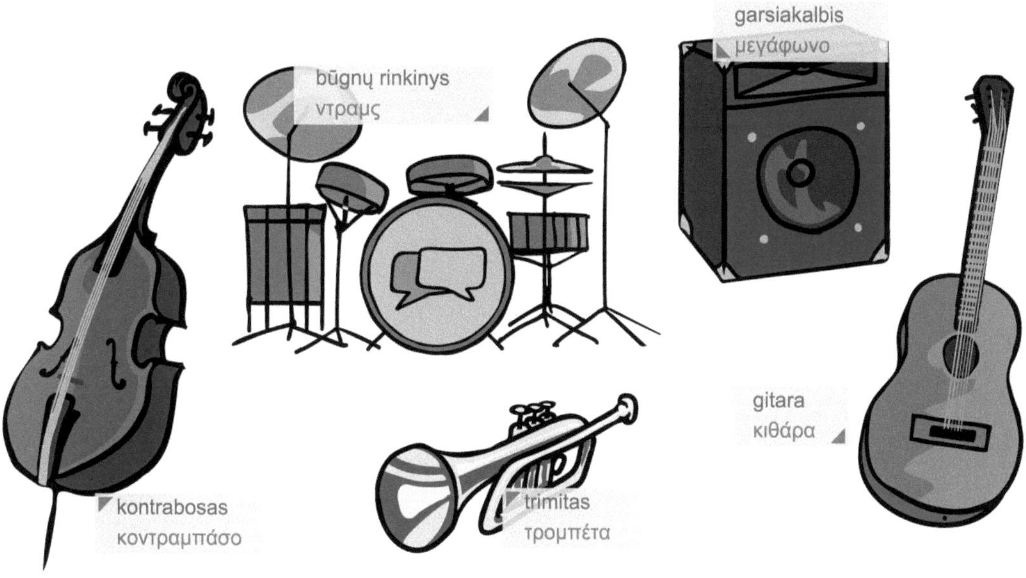

garsiakalbis
μεγάφωνο

būgnų rinkinys
ντραμς

kontrabosas
κοντραμπάσο

trimitas
τρομπέτα

gitara
κιθάρα

pianinas

πιάνο

smuikas

βιολί

bosinė gitara

μπάσο

timpanas

τύμπανα

būgnai

τύμπανο

sintezatorius

πλήκτρα

saksofonas

σαξόφωνο

fleita

φλάουτο

mikrofonas

μικρόφωνο

zoologijos sodas
ζωολογικός κήπος

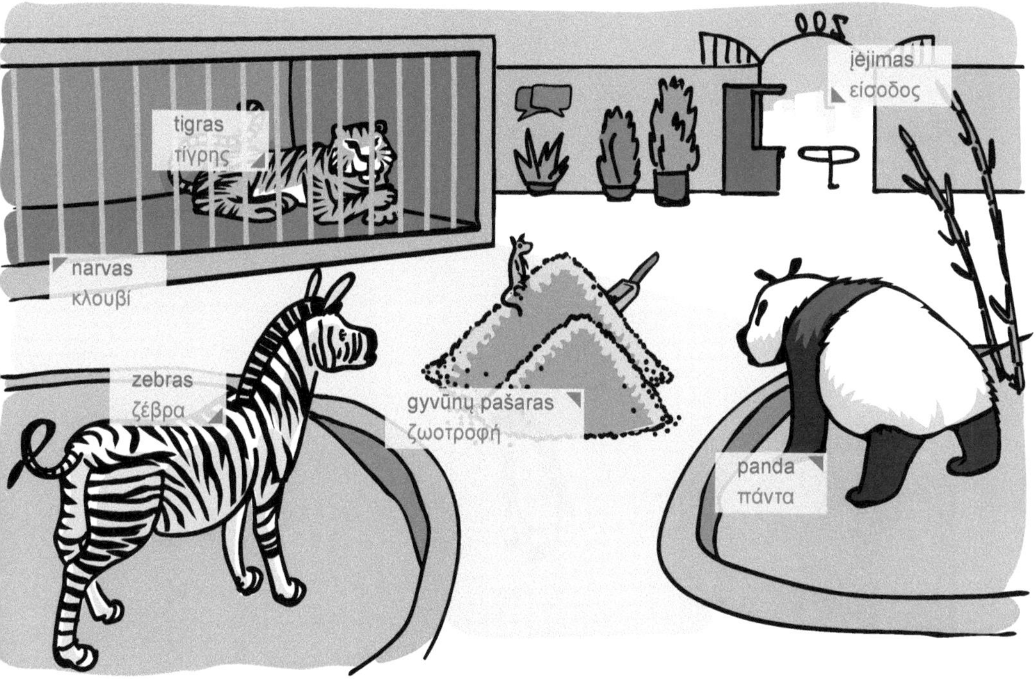

įėjimas
είσοδος
tigras
τίγρης
narvas
κλουβί
zebras
ζέβρα
gyvūnų pašaras
ζωοτροφή
panda
πάντα

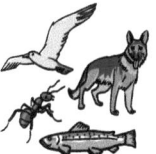

gyvūnai

ζώα

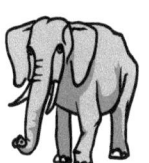

dramblys

ελέφαντας

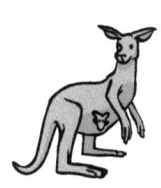

kengūra

καγκουρό

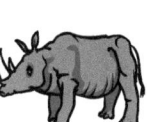

raganosis

ρινόκερος

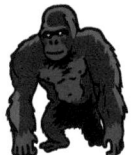

gorila

γορίλας

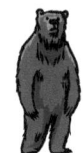

meška

αρκούδα

kupranugaris

καμήλα

strutis

στρουθοκάμηλος

liūtas

λιοντάρι

beždžionė

πίθηκος

flamingas

φλαμίνγκο

papūga

παπαγάλος

baltoji meška

πολική αρκούδα

pingvinas

πιγκουίνος

ryklys

καρχαρίας

povas

παγώνι

gyvatė

φίδι

krokodilas

κροκόδειλος

zoologijos sodo prižiūrėtojas

φύλακας ζωολογικού κήπου

ruonis

φώκια

jaguaras

τζάγκουαρ

ponis

πόνυ

leopardas

λεοπάρδαλη

begemotas

ιπποπόταμος

žirafa

καμηλοπάρδαλη

erelis

αετός

šernas

αγριογούρουνο

žuvis

ψάρι

vėžlys

χελώνα

vėplys

θαλάσσιος ίππος

lapė

αλεπού

gazelė

γαζέλα

amerikietiškas futbolas
Αμερικάνικο ποδόσφαιρο

dviračių sportas
ποδηλασία

tenisas
αντισφαίριση

krepšinis
μπάσκετ

plaukimas
κολύμβηση

ledo ritulys
χόκεϋ επί πάγου

boksas
πυγμαχία

futbolas

ποδόσφαιρο

badmintonas

μπάντμιντον

atletika

στίβος

rankinis

χάντμπολ

slidinėjimas

σκι

polas

πόλο

šokinėti
πηδάω

juoktis
γελάω

apkabinti
αγκαλιάζω

vaikščioti
περπατάω

dainuoti
τραγουδάω

svajoti
ονειρεύομαι

melstis
προσεύχομαι

bučiuoti
φιλάω

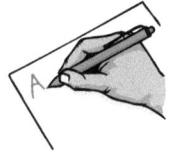

rašyti

γράφω

piešti

σχεδιάζω

rodyti

δείχνω

stumti

πιέζω

duoti

δίνω

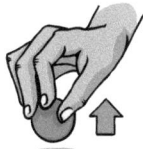

imti

παίρνω

turéti

έχω

daryti

κάνω

būti

είμαι

stovéti

στέκομαι

bėgti

τρέχω

traukti

τραβάω

mesti

ρίχνω

kristi

πέφτω

meluoti

ξαπλώνω

laukti

περιμένω

nešti

κουβαλώ

sédėti

κάθομαι

rengtis

φοράω

miegoti

κοιμάμαι

pabusti

ξυπνάω

užsiėmimai - δραστηριότητες

žiūrėti

κοιτάω

verkti

κλαίω

glostyti

χαϊδεύω

šukuoti

χτενίζω

kalbėti

μιλάω

suprasti

καταλαβαίνω

paklausti

ρωτάω

klausytis

ακούω

gerti

πίνω

valgyti

τρώω

tvarkytis

συγυρίζω

mylėti

αγαπάω

gaminti

μαγειρεύω

vairuoti

οδηγώ

skristi

πετάω

buriuoti

κάνω ιστιοπλοΐα

skaičiuoti

υπολογίζω

skaityti

διαβάζω

mokytis

μαθαίνω

dirbti

δουλεύω

vesti

παντρεύομαι

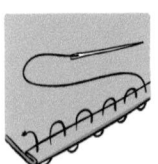

siūti

ράβω

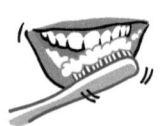

valytis dantis

βουρτσίζω τα δόντια

žudyti

σκοτώνω

rūkyti

καπνίζω

siųsti

στέλνω

senelė
γιαγιά

senelis
παππούς

tėvas
πατέρας

motina
μητέρα

kūdikis
μωρό

dukra
κόρη

sūnus
γιος

svečias

καλεσμένος

teta

θεία

dėdė

θείος

brolis

αδελφός

sesuo

αδελφή

kūnas

σώμα

kakta
μέτωπο
akis
μάτι
petys
ώμος
pirštas
δάχτυλο
veidas
πρόσωπο
smakras
πιγούνι
plaštaka
χέρι
koja
πόδι
krūtinė
στήθος
ranka
βραχίονας

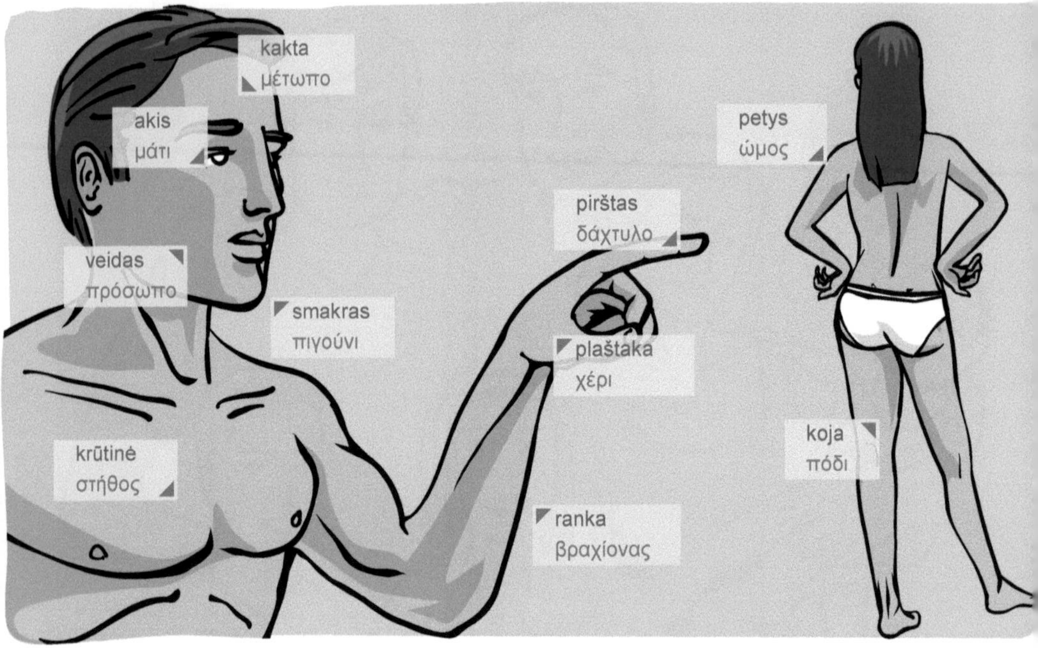

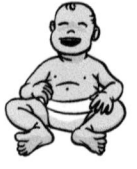

kūdikis

μωρό

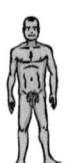

vyras

άνδρας

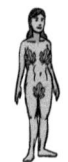

moteris

γυναίκα

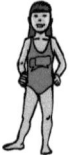

mergaitė

κορίτσι

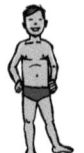

berniukas

αγόρι

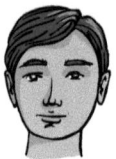

galva

κεφάλι

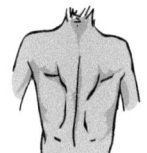

nugara

πλάτη

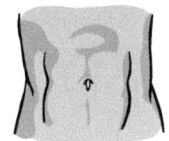

pilvas

κοιλιά

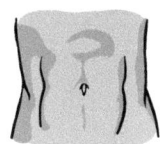

bamba

αφαλός

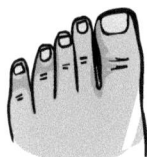

kojos pirštas

δάχτυλο ποδιού

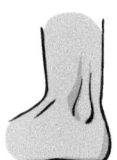

kulnas

φτέρνα

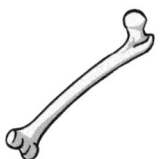

kaulas

κόκκαλο

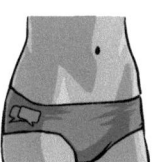

klubas

γοφός

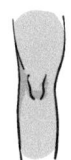

kelis

γόνατο

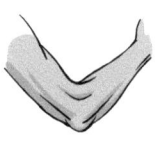

alkūnė

αγκώνας

nosis

μύτη

sėdmenys

γλουτός

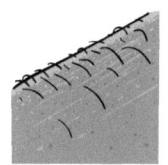

oda

δέρμα

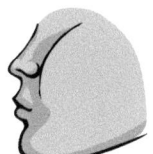

skruostas

μάγουλο

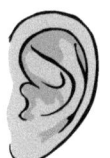

ausis

αυτί

lūpa

χείλος

kūnas - σώμα

burna

στόμα

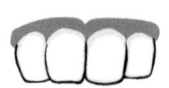

dantis

δόντι

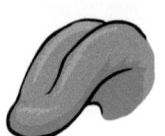

liežuvis

γλώσσα

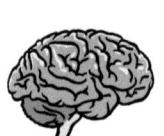

smegenys

εγκέφαλος

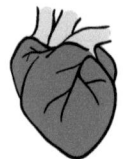

širdis

καρδιά

raumuo

μυς

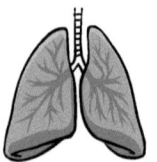

plaučiai

πνεύμονας

kepenys

συκώτι

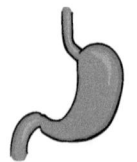

skrandis

στομάχι

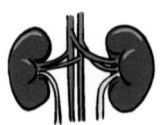

inkstai

νεφρά

seksas

σεξουαλική επαφή

prezervatyvas

προφυλακτικό

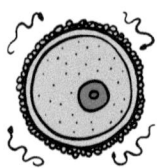

kiaušialąstė

ωάριο

sperma

σπέρμα

nėštumas

εγκυμοσύνη

kūnas - σώμα

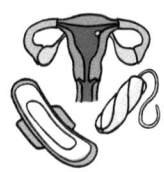

menstruacijos

περίοδος

makštis

γυναικείος κόλπος

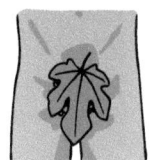

varpa

πέος

antakis

φρύδι

plaukai

μαλλιά

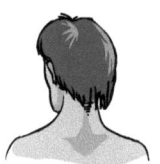

kaklas

λαιμός

kūnas - σώμα

ligoninė

νοσοκομείο

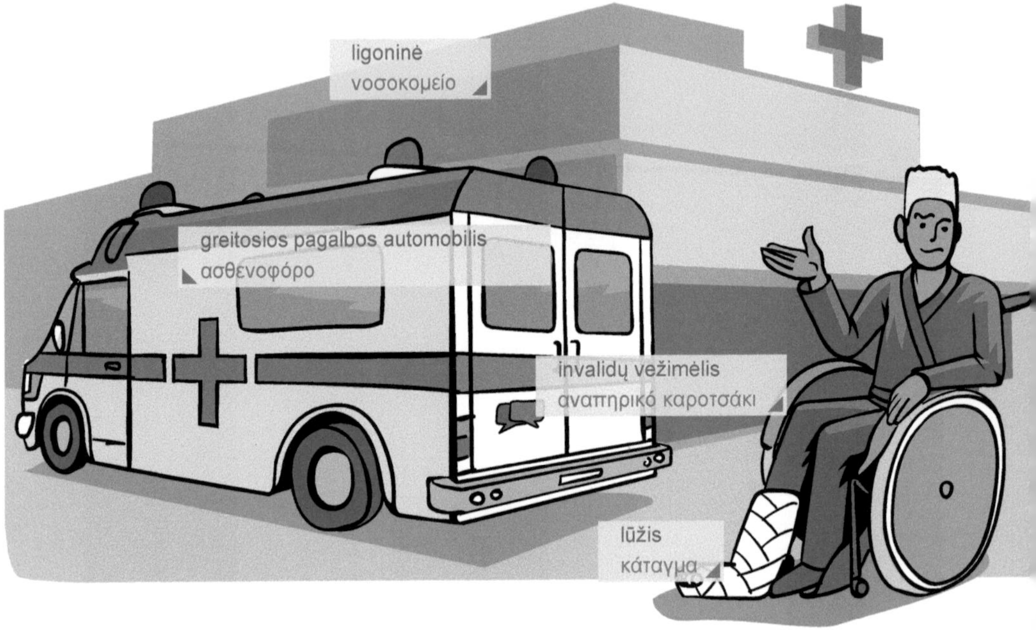

ligoninė
νοσοκομείο
greitosios pagalbos automobilis
ασθενοφόρο
invalidų vežimėlis
αναπηρικό καροτσάκι
lūžis
κάταγμα

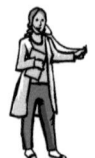

gydytojas

γιατρός

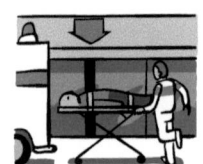

skubios pagalbos skyrius

μονάδα εντατικής θεραπείας

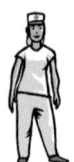

slaugytoja

νοσοκόμα

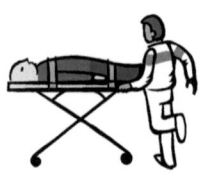

nelaimingas atsitikimas

έκτακτη ανάγκη

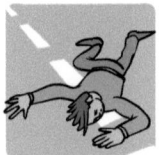

be sąmonės

λιπόθυμος

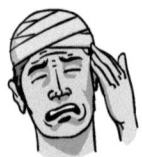

skausmas

πόνος

sužalojimas

τραύμα

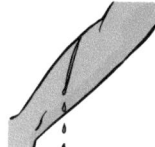

kraujavimas

αιμορραγία

širdies smūgis

έμφραγμα

insultas

εγκεφαλικό

alergija

αλλεργία

kosulys

βήχας

karščiavimas

πυρετός

gripas

γρίπη

viduriavimas

διάρροια

galvos skausmas

πονοκέφαλος

vėžys

καρκίνος

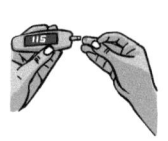

diabetas

διαβήτης

chirurgas

χειρουργός

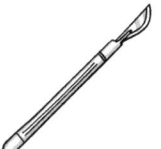

skalpelis

νυστέρι

operacija

εγχείρηση

KT

αξονική τομογραφία

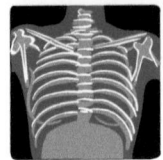

rentgenas

ακτινογραφία

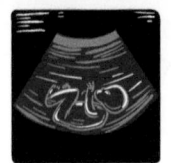

ultragarsas

υπέρηχος

veido kaukė

μάσκα

liga

ασθένεια

laukiamasis

αίθουσα αναμονής

ramentas

πατερίτσα

gipsas

χάνσαπλαστ

tvarstis

επίδεσμος

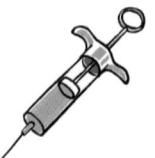

injekcija

ένεση

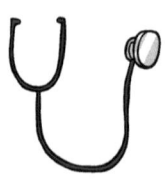

stetoskopas

στηθοσκόπιο

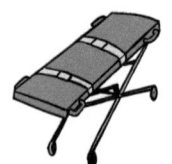

neštuvai

φορείο

termometras

θερμόμετρο

gimimas

γέννηση

antsvoris

υπέρβαρο

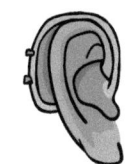

klausos aparatas

ακουστικό βαρηκοΐας

dezinfekavimo priemonė

αντισηπτικό

infekcija

λοίμωξη

virusas

ιός

ŽIV / AIDS

HIV/AIDS

vaistas

φάρμακο

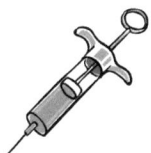

skiepijimas

εμβολιασμός

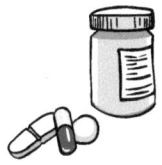

tabletės

δισκία

piliulė

χάπι

skubios pagalbos numeris

κλήση έκτακτης ανάγκης

kraujospūdžio matuoklis

πιεσόμετρο αίματος

ligotas / sveikas

άρρωστος / υγιής

ligoninė - νοσοκομείο

Padėkite!

Βοήθεια!

pavojaus signalas

συναγερμός

užpuolimas

βιαιοπραγία

ataka

επίθεση

pavojus

κίνδυνος

avarinis išėjimas

έξοδος κινδύνου

Gaisras!

Φωτιά!

gesintuvas

πυροσβεστήρας

nelaimingas atsitikimas

ατύχημα

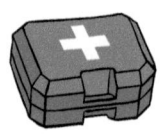

pirmosios pagalbos rinkinys

κουτί πρώτων βοηθειών

SOS

SOS

policija

αστυνομία

Europa

Ευρώπη

Šiaurės Amerika

Βόρεια Αμερική

Pietų Amerika

Νότια Αμερική

Afrika

Αφρική

Azija

Ασία

Australija

Αυστραλία

Atlanto vandenynas

Ατλαντικός Ωκεανός

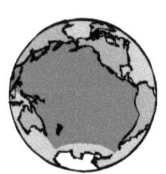

Ramusis vandenynas

Ειρηνικός Ωκεανός

Indijos vandenynas

Ινδικός Ωκεανός

Pietų vandenynas

Ανταρκτικός Ωκεανός

Arkties vandenynas

Αρκτικός Ωκεανός

Šiaurės ašigalis

Βόρειος Πόλος

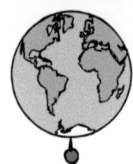

Pietų ašigalis

Νότιος Πόλος

Antarktida

Ανταρκτική

Žemė

Γη

sausuma

γη

jūra

θάλασσα

sala

νησί

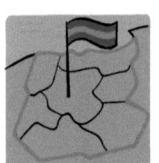

tauta

έθνος

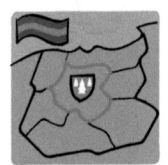

valstybė

πολιτεία

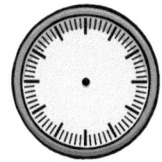

ciferblatas

καντράν ρολογιού

valandinė rodyklė

ωροδείκτης

minutinė rodyklė

λεπτοδείκτης

sekundinė rodyklė

δείκτης δευτερολέπτων

Kiek valandų?

Τι ώρα είναι;

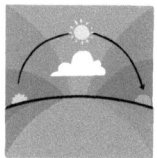

diena

ημέρα

laikas

χρόνος

dabar

τώρα

skaitmeninis laikrodis

ψηφιακό ρολόι

minutė

λεπτό

valanda

ώρα

savaitė
εβδομάδα

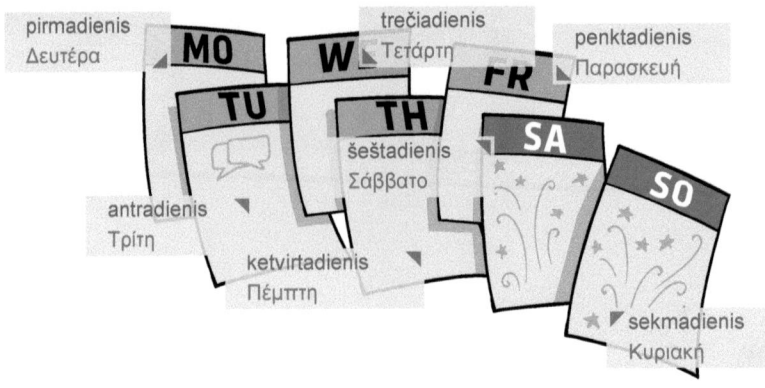

pirmadienis
Δευτέρα

trečiadienis
Τετάρτη

penktadienis
Παρασκευή

šeštadienis
Σάββατο

antradienis
Τρίτη

ketvirtadienis
Πέμπτη

sekmadienis
Κυριακή

vakar

χθες

šiandien

σήμερα

rytoj

αύριο

rytas

πρωί

vidurdienis

μεσημέρι

vakaras

βράδυ

darbo dienos

εργάσιμες ημέρες

savaitgalis

Σαββατοκύριακο

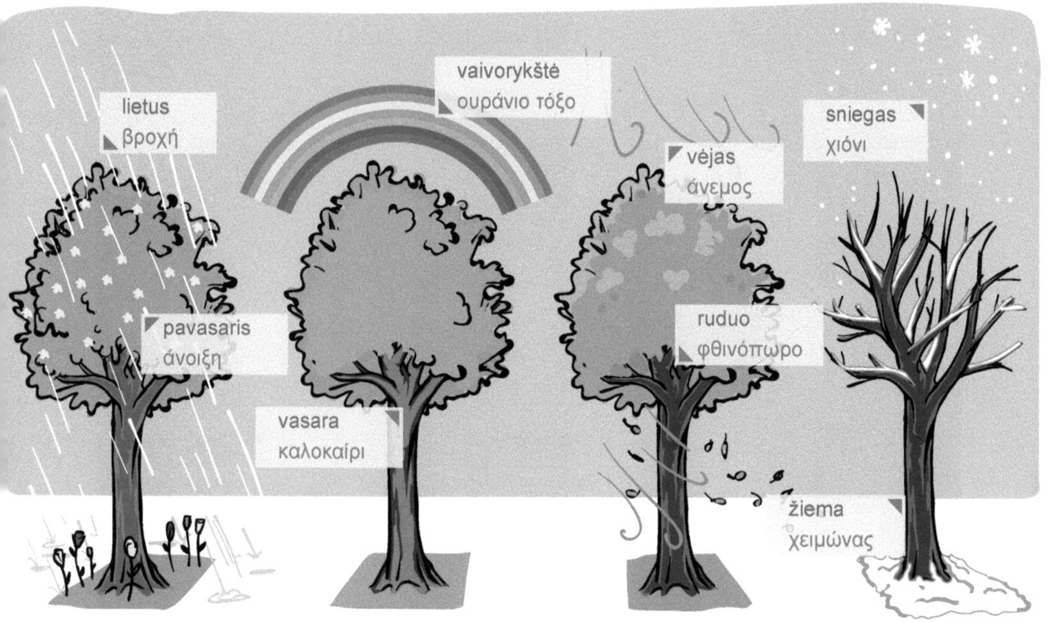

lietus
βροχή

vaivorykštė
ουράνιο τόξο

sniegas
χιόνι

vėjas
άνεμος

pavasaris
άνοιξη

ruduo
φθινόπωρο

vasara
καλοκαίρι

žiema
χειμώνας

4.APRIL	11°	☀
5.APRIL	4°	
6.APRIL	13°	
7.APRIL	8°	❄
8.APRIL	10°	☀

orų prognozė

πρόγνωση καιρού

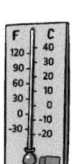

lauko termometras

θερμόμετρο

saulės šviesa

λιακάδα

debesis

σύννεφο

rūkas

ομίχλη

drėgmė

υγρασία

žaibas

αστραπή

griaustinis

κεραυνός

audra

καταιγίδα

kruša

χαλάζι

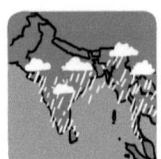

musonas

μουσώνας

potvynis

πλημμύρα

ledas

πάγος

sausis

Ιανουάριος

vasaris

Φεβρουάριος

kovas

Μάρτιος

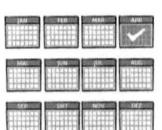

balandis

Απρίλιος

gegužė

Μάιος

birželis

Ιούνιος

liepa

Ιούλιος

rugpjūtis

Αύγουστος

metai - έτος

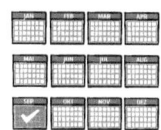

rugsėjis

Σεπτέμβριος

spalis

Οκτώβριος

lapkritis

Νοέμβριος

gruodis

Δεκέμβριος

formos

σχήματα

apskritimas

κύκλος

kvadratas

τετράγωνο

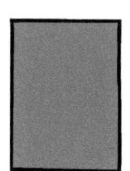

stačiakampis

ορθογώνιο
παραλληλόγραμμο

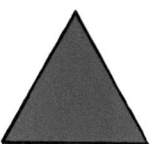

trikampis

τρίγωνο

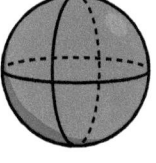

sfera

σφαίρα

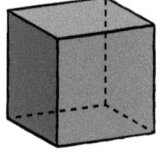

kubas

κύβος

balta
....
άσπρο

geltona
....
κίτρινο

oranžinė
....
πορτοκαλί

rožinė
....
ροζ

raudona
....
κόκκινο

violetinė
....
μωβ

mėlyna
....
μπλε

žalia
....
πράσινο

ruda
....
καφέ

pilka
....
γκρι

juoda
....
μαύρο

daug / mažai

πολύ / λίγο

piktas / ramus

θυμωμένος / ήρεμος

gražus / bjaurus

όμορφος / άσχημος

pradžia / pabaiga

αρχή / τέλος

didelis / mažas

μεγάλος / μικρός

šviesus / tamsus

φωτεινός / σκοτεινός

brolis / sesuo

αδελφός / αδελφή

švarus / purvinas

καθαρός / λερωμένος

užbaigtas / neužbaigtas

πλήρης / ατελής

diena / naktis

ημέρα / νύχτα

miręs / gyvas

νεκρός / ζωντανός

platus / siauras

φαρδύς / στενός

valgomas / nevalgomas	piktas / malonus	linksmas / nuobodus
βρώσιμος / μη βρώσιμος	κακός / ευγενικός	ενθουσιασμένος / βαριεστημένος

storas / plonas	pirmiausia / paskiausia	draugas / priešas
παχύς / λεπτός	πρώτος / τελευταίος	φίλος / εχθρός

pilnas / tuščias	kietas / minkštas	sunkus / lengvas
γεμάτος / άδειος	σκληρός / μαλακός	βαρύς / ελαφρύς

alkis / troškulys	ligotas / sveikas	nelegalus / legalus
πείνα / δίψα	άρρωστος / υγιής	παράνομος / νόμιμος

 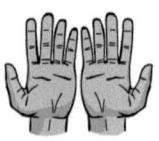 

protingas / kvailas	kairė / dešinė	arti / toli
έξυπνος / χαζός	αριστερός / δεξιός	κοντινός / μακρινός

naujas / naudotas

καινούριος /
μεταχειρισμένος

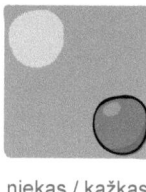

niekas / kažkas

τίποτα / κάτι

senas / jaunas

γέρος | νέος

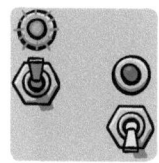

įjungta / išjungta

αναμμένος / σβηστός

atidaryta / uždaryta

ανοιχτός / κλειστός

tylus / garsus

χαμηλόφωνος /
μεγαλόφωνος

turtingas / vargšas

πλούσιος / φτωχός

teisus / neteisus

σωστός / λανθασμένος

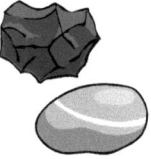

šiurkštus / švelnus

τραχύς / λείος

liūdnas / laimingas

λυπημένος / χαρούμενος

trumpas / ilgas

κοντός / μακρύς

lėtas / greitas

αργός / γρήγορος

drėgnas / sausas

υγρός / στεγνός

šiltas / šaltas

ζεστός / δροσερός

karas / taika

πόλεμος / ειρήνη

0

nulis

μηδέν

1

vienas

ένα

2

du

δύο

3

trys

τρία

4

keturi

τέσσερα

5

penki

πέντε

6

šeši

έξι

7

septyni

εφτά

8

aštuoni

οκτώ

9

devyni

εννιά

10

dešimt

δέκα

11

vienuolika

έντεκα

12

dvylika
δώδεκα

13

trylika
δεκατρία

14

keturiolika
δεκατέσσερα

15

penkiolika
δεκαπέντε

16

šešiolika
δεκαέξι

17

septyniolika
δεκαεφτά

18

aštuoniolika
δεκαοκτώ

19

devyniolika
δεκαεννέα

20

dvidešimt
είκοσι

100

šimtas
εκατό

1.000

tūkstantis
χίλια

1.000.000

milijonas
εκατομμύριο

anglų

Αγγλικά

amerikiečių anglų

Αμερικάνικα Αγγλικά

kinų (mandarinų)

Μανδαρίνικα Κινέζικα

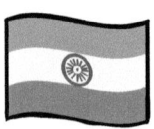

hindi

Χίντι

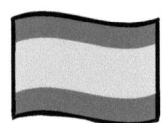

ispanų

Ισπανικά

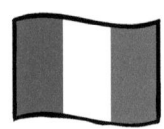

prancūzų

Γαλλικά

arabų

Αραβικά

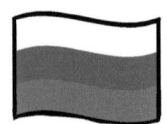

rusų

Ρώσικα

portugalų

Πορτογαλικά

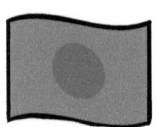

bengalų

Μπενγκάλι

vokiečių

Γερμανικά

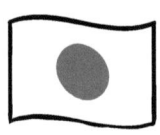

japonų

Ιαπωνικά

aš

εγώ

tu

εσύ

jis / ji

αυτός / αυτή / αυτό

mes

εμείς

jūs

εσείς

jie

αυτοί / αυτές / αυτά

kas?

ποιος / ποια / ποιο;

ką?

τι;

kaip?

πώς;

kur?

πού;

kada?

πότε;

vardas

όνομα

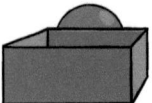

už
......
πίσω

kur (vieta)
......
μέσα

priešais
......
μπροστά

virš
......
πάνω από

ant
......
πάνω

po
......
κάτω

prie
......
δίπλα

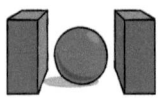

tarp
......
ανάμεσα

vieta
......
μέρος